AF824857

PFANNEBERG

EINFACH KOCH(EN) LERNEN – FACHPRAKTIKER KÜCHE

ARBEITSHEFT
BAND 1 GRUNDSTUFE
SCHÜLERAUSGABE

Angelika Kettmann
Martin Koch

2. Auflage

Fachbuchverlag Pfanneberg GmbH & Co. KG
Düsselberger Str. 23
42781 Haan-Gruiten
Bestell-Nr.: 08074

Autoren
Angelika Kettmann, Bielefeld
Martin Koch, Bielefeld

Verlagslektorat
Benno Buir

Bildbearbeitung
Verlag Europa-Lehrmittel, Abteilung Bildbearbeitung, 73760 Ostfildern
PER MEDIEN + MARKETING GmbH, 38102 Braunschweig

2. Auflage 2023

Druck 5 4 3 2, Nachdruck 2025
Alle Drucke derselben Auflage sind parallel einsetzbar, da sie bis auf die Korrektur von Druckfehlern identisch sind.

ISBN 978-3-8057-0847-0

Bei Fragen zur Produktsicherheit wenden Sie sich bitte an produktsicherheit@europa-lehrmittel.de.

Umschlag: braunwerbeagentur, 42477 Radevormwald, unter Verwendung eines Fotos von © Adobe Systems Software Ireland Limited Adobe Stock, Dublin, Irland (c) Floydine
Layout und Satz: PER MEDIEN + MARKETING GmbH, 38102 Braunschweig
Druck: Plump Druck & Medien GmbH, 53619 Rheinbreitbach

Vorwort

Die **Arbeitshefte** für die Reihe **„Einfach Koch(en) lernen – Fachpraktiker Küche"** begleiten und ergänzen das gleichnamige Grundlagenwerk. Sie sind zweistufig aufgebaut und für die **Ausbildung zum Fachpraktiker/zur Fachpraktikerin Küche** bestimmt.

Dieser **Band 1 Grundstufe** enthält ausgewählte Arbeitsblätter zu den Themen, die im 1. Lehrjahr unterrichtet werden. Der weiterführende Band *2 Fachstufen* enthält Themen des 2. *und* 3. Lehrjahrs: damit ist eine flexible Auswahl für die in den Schulen in unterschiedlicher Reihenfolge behandelten Themenbereiche möglich.

Ähnlich wie schon das Lehrbuch sind auch die Arbeitshefte auf die besonderen Herausforderungen für die Zielgruppe abgestimmt:

- **Einfache Sprache**
  Die unterschiedlichen Schwierigkeiten und Einschränkungen der Auszubildenden verlangen knappe und präzise Formulierungen, damit die Aufgabenstellungen schnell und richtig wahrgenommen werden. Unterstützt wird dies u. a. durch Verzicht auf Trennungen und regen Bindestrich-Gebrauch bei zusammengesetzten Hauptwörtern.
- **Einfaches Layout**
  Die Gestaltung der Arbeitsblätter ist einfach und funktional. Ohne Ablenkung können sich die Schülerinnen und Schüler aufs Wesentliche konzentrieren.
- **Abwechslung in den Aufgaben**
  Bei der Konzeption wurde besonderer Wert gelegt auf methodisch abwechslungsreiche Aufgabenstellungen. Einfache Lückentext-Aufgaben erlauben schnelle Erfolge; unterschiedliche, Theorie und Praxis reflektierende Fragestellungen verbinden und festigen die aufgenommenen Wissenspartikel; spielerische Elemente wie verschiedene Rätselformen unterstützen diesen Prozess. So wird reduzierten Aufmerksamkeits-Spannen und Konzentrationsschwierigkeiten entgegengewirkt.

Der Einsatz der Arbeitsblätter führt zu einer **selbstständigen und aktiven Auseinandersetzung** mit den Lerninhalten. Kenntnisse können zu Einsichten und Verständnis werden – im Unterricht und bei den Hausaufgaben.

DIE 2. AUFLAGE

Die vorliegende 2. Auflage wurde umfassend korrigiert, aktualisiert und verbessert. Gliederung und Seiten-Abfolge konnten beibehalten werden.

Das Konzept der **Reihe „Einfach Koch(en) lernen"** ist auch für **weitere Zielgruppen** geeignet. Buch und Arbeitshefte können eingesetzt werden

- als ergänzendes Lehrmittel für **Auszubildende zum Koch/zur Köchin mit Lern- oder Sprachschwierigkeiten**, auch parallel zum vorhandenen Lehrbuch
- als Unterstützung für **Auszubildende mit Migrationshintergrund**, für **Flüchtlings- und Migrantenklassen**
- in der **Berufsvorbereitung**, in **Umschulungs- und Qualifizierungsmaßnahmen, Stützkursen** usw. in den Fachbereichen **Gastgewerbe, Ernährung und Hauswirtschaft**
- berufsbegleitend für u. a. fachfremdes/anzulernendes **Personal mit geringen Deutschkenntnissen**.

Wir freuen uns auf Feedback, Unterstützung durch Anregungen und Kritik! Schreiben Sie uns an **lektorat@europa-lehrmittel.de.**

Herbst 2023

Autoren und Verlag

À-la-Carte-Küche

Gemeinschafts-Verpflegung

Kreuzfahrt-Schiff

Fachpraktiker/Fachpraktikerinnen Küche und Köche/Köchinnen haben sehr gute Beschäftigungs-Chancen – weltweit!

Datum: ____ Klasse: ____ Name: ____

PROJEKT: Mein Ausbildungsbetrieb

1 **Informieren Sie sich bei Ihren Kolleginnen und Kollegen über Ihren Ausbildungsbetrieb. Tragen Sie die Informationen ein.**

2 **Fotografieren Sie das Gebäude Ihres Ausbildungsbetriebs oder suchen Sie im Internet ein Foto. Kleben Sie das Foto in das Feld.**

3 **Stellen Sie Ihren Mitschülerinnen und Mitschülern Ihren Ausbildungsbetrieb vor.**

Mein Ausbildungsbetrieb heißt ____________________

Die Adresse meines Ausbildungsbetriebs lautet:

____

____

Meine Chefin/mein Chef heißt:

____

Meine Ausbilderin/mein Ausbilder heißt:

____

Foto
Ausbildungsbetrieb

Unser Betrieb hat ________ Mitarbeiterinnen und Mitarbeiter.

Unser Betrieb hat ________ Auszubildende.

Wir arbeiten in der Küche mit ________ Personen.

Meine Kolleginnen und Kollegen heißen:

____

____

____

Mein Ausbildungsbetrieb ist

- ☐ ein Bistro
- ☐ ein Catering-Unternehmen
- ☐ ein Hotel
- ☐ eine Kantine
- ☐ ein Restaurant
- ☐ ____________________

Postenküche

Fachbuch: Seite(n) ________

Man nennt alle Mitarbeiter in der Küche zusammen die **Küchenbrigade**.
Jeder Mitarbeiter hat einen bestimmten Aufgabenbereich.
Man **nennt** jeden **Aufgabenbereich** den **Küchen-Posten**.

1 a) Wie heißt das französische Wort für den Braten- und Saucenkoch?

____

b) Welche Aufgaben hat der Braten- und Saucenkoch?

- ______________________________
- ______________________________

2 a) Der Entremetier ist der ______________________________

b) Welche Aufgaben hat der Entremetier?

____

____

3 a) Der Vorspeisenkoch und der Küchenmetzger unterstehen dem

______________ (______________)

b) Welche Aufgaben hat dieser Koch?

- ______________________________
- ______________________________
- ______________________________
- ______________________________

4 In großen Küchen gibt es einen ______________ **(Pâtissier).**

Er bereitet ______________________________

____

5 Der ______________ **(Tournant) hilft auf jedem Posten aus.**

Datum: ________ Klasse: ________ Name: ________

Organisationsformen

Fachbuch: Seite(n) ________

Bearbeiten Sie das Rätsel.

1 „Lebensmittel liefern"; Party-Service; Liefer-Service

2 Diese Küche in der Gemeinschafts-Verpflegung bereitet die Speisen vor.

3 Dieser Liefer-Service liefert Speisen, Getränke und Ausstattung für besondere Veranstaltungen.

4 Die Gäste bestellen ihre Speisen aus der Speisekarte.

5 Diese Küche in der Gemeinschafts-Verpflegung bekommt Speisen von der Zentral-Küche geliefert. Sie selbst bereitet empfindliche Speisen zu.

6 In dieser Küche hat jeder Koch seinen bestimmten Aufgabenbereich.

7 Dieser Liefer-Service liefert keine Speisen und keine Getränke.

8 Gäste bekommen Speisen, Getränke und ein besonderes Erlebnis.

9 Diese Küche in der Gemeinschafts-Verpflegung arbeitet nicht mit anderen Küchen zusammen.

10 Diese Küche in der Gemeinschafts-Verpflegung bekommt alle Speisen von der Zentral-Küche geliefert. Das Personal in dieser Küche portioniert die Speisen und gibt die Speisen aus.

11 Ein Unternehmer übernimmt ein erprobtes, bekanntes Geschäfts-Modell für seinen Betrieb. Bekannte Geschäfts-Modelle sind z. B. Alex und Back Factory.

12 Dieses ist ein Fest-Essen bei besonderen Anlässen.

13 Die Betriebe einer Kette haben ein einheitliches Konzept. Sie ähneln sich z. B. in der Einrichtung und in ihrem Speise- und Getränkeangebot.

Lösungs-Wort

Diese Unternehmen beliefern Einrichtungen im Gesundheitswesen mit Essen.

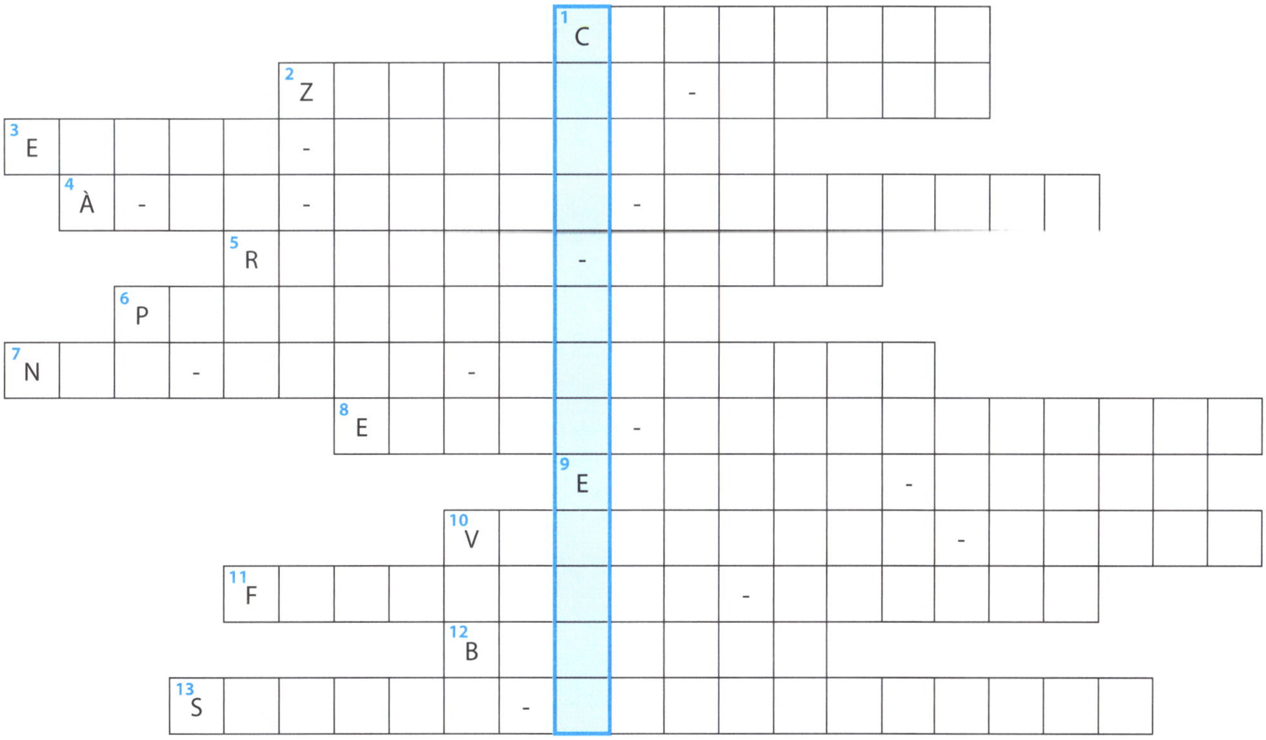

Datum:

Klasse:

Name:

Fachbegriffe

Fachbuch: Seite(n) ________

Erklären Sie die folgenden Fachbegriffe:

Fachbegriff		Erklärung
annoncieren		
À-la-Carte		
Bankett		
Catering		
Gemeinschafts-Verpflegung		
Küchenbrigade		
Mise-en-Place		
Sous-Vide-System	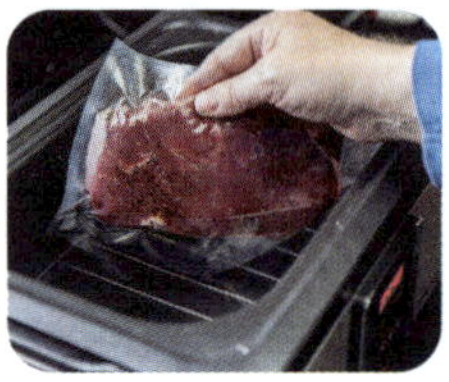	

Name: ________ Klasse: ________ Datum: ________

Hygiene-Regeln

Fachbuch: Seite(n) ______

Datum: ______ Klasse: ______ Name: ______

Schreiben Sie hinter jede Hygiene-Regel den Hygiene-Bereich.

Hygiene-Regel	Hygiene-Bereich
Beispiel: Jeden Tag frische Arbeitskleidung anziehen.	Personalhygiene
Tiefgekühlte Ware richtig auftauen.	
Spülmaschinen-Programme nicht verstellen.	
Fingernägel sauber halten und kurz schneiden! Schmuck ablegen.	
Speisen immer abdecken.	
Speisen nur kurz und nicht unter 65° C warm halten.	
Arbeitsplatz nach jedem Arbeitsgang reinigen.	
Übertragbare Krankheiten dem Küchenleiter melden.	
Richtig abschmecken.	
Bei der Küchenarbeit immer eine Kopfbedeckung tragen.	
In den Kühlräumen nicht zu viel Ware lagern.	
Reinigungs-Mittel und Desinfektions-Mittel nicht in der Küche lagern.	
Wunden mit wasserdichtem Pflaster oder durch Verband und Fingerling abdecken.	
Nur Lebensmittel von einwandfreier Qualität annehmen.	
Die Kühlkette einhalten.	
Küche, Lagerräume und Arbeitsgeräte sauber halten.	
Nicht auf Lebensmittel, Speisen und Arbeitsgeräte niesen.	
Speisen beim Garen auf eine Kerntemperatur von mindestens 70° C erhitzen.	

Hygiene-Regeln begründen

Begründen Sie die Hygiene-Regeln.
Schreiben Sie die richtigen Begründungen aus dem unteren Kasten hinter die Hygiene-Regeln.

Hygiene-Regel	Begründung
Man wäscht die Hände gründlich mit warmem Wasser und mit Seife: • vor dem Arbeits-Beginn • nach jedem Toiletten-Gang • nach dem Rauchen • immer wieder zwischendurch	
Man deckt Wunden mit einem wasserdichten Pflaster oder mit einem Verband und mit einem Fingerling ab.	
In der Küche dürfen keine Tiere sein.	
Man legt zum Hände-Waschen Ringe und die Uhr ab.	

Im Nasen-Raum und im Rachen-Raum sind Mikroorganismen. Diese werden durch das Niesen herausgeschleudert.

Tiere können durch Lecken und durch ihre Haare Mikroorganismen, Schädlinge und Schmutz übertragen.

Die Auftau-Flüssigkeit kann Mikroorganismen enthalten.

Die Arbeits-Fläche ist sauber. Schmutz kann sich nicht festsetzen.

Datum: ______ Klasse: ______ Name: ______

Hygiene-Regel	Begründung
Man schüttet die Auftau-Flüssigkeit weg. Die Auftau-Flüssigkeit darf nicht mit anderen Lebensmitteln in Kontakt kommen.	
Unreine und reine Arbeitsbereiche müssen voneinander getrennt sein.	
Man wendet sich beim Niesen von den Lebensmitteln ab.	
Man reinigt die Arbeitsflächen nach jedem Arbeits-Gang. Man entfernt Schmutz auf der Arbeits-Fläche sofort.	

Speisen dürfen nicht durch unreine Lebensmittel verunreinigt werden.

In Wunden können Mikroorganismen sein.

Man kann die Hände unter dem Schmuck nicht richtig reinigen.

Durch schmutzige Hände können Mikroorganismen auf Lebensmittel übertragen werden.

Name: Klasse: Datum:

Test

1 Was gehört zur Hygiene in der Küche? (5 Kreuze)

- ☐ Sauberkeit der Personen
- ☐ Sauberkeit der Verpackungen
- ☐ Sauberkeit der Arbeitsgeräte
- ☐ Sauberkeit der Büroräume
- ☐ Sauberkeit der Lebensmittel
- ☐ Sauberkeit der Transport-Container
- ☐ Sauberkeit der Küchen-Räume
- ☐ Sauberkeit der Kleidung

2 Sie kennen das Gebot „Sauberkeit am Arbeitsplatz". Wann räumt man Lebensmittel weg? (1 Kreuz)

- ☐ Zum Feierabend
- ☐ Am nächsten Morgen
- ☐ Frühestens am Nachmittag
- ☐ Am Ende der Schicht
- ☐ Nach Ende der jeweiligen Tätigkeit
- ☐ Alle 2 Stunden

3 Ordnen Sie in reine und unreine Arbeiten. Schreiben Sie ein *R* vor die reinen und ein *U* vor die unreinen Arbeitsbereiche.

_____ Salat putzen

_____ Kippbrat-Pfanne reinigen

_____ Salat portionieren

_____ Fisch-Lieferung annehmen

_____ Salat auf einem Teller anrichten

_____ Geschirr vorspülen

_____ Abfälle in die Müll-Tonne bringen

_____ Hähnchen-Schenkel würzen

4 Was gehört zur Lebensmittelhygiene? (3 Kreuze)

- ☐ Einwandfreie Rohstoffe
- ☐ Saubere Büro-Räume
- ☐ Saubere Arbeits-Kleidung
- ☐ Aufgeräumte Umkleide-Räume
- ☐ Richtige Lagerung der Lebensmittel
- ☐ Hygienische Zubereitung

5 Welche Merksätze gehören zur Personalhygiene? (2 Kreuze)

- ☐ Beim Niesen von den Lebensmitteln wegdrehen.
- ☐ Nach jedem Toiletten-Gang die Hände waschen.
- ☐ Desinfektions-Mittel regelmäßig anwenden.
- ☐ Müll-Eimer immer geschlossen halten.
- ☐ Tiere nicht in die Küche lassen.
- ☐ Speisen richtig abschmecken.

6 Wie heißen die Sätze richtig? Kreisen Sie das richtige Wort oder die richtige Zahl ein.

1. Tiefgekühltes Geflügel **teilweise / vollständig** auftauen lassen.
2. Auftau-Flüssigkeit **wegschütten / erhitzen**.
3. Speisen auf eine Kern-Temperatur von mindestens **+60 °C / +70 °C** erhitzen.
4. Speisen nur kurze Zeit und nicht unter **+55 °C / +65 °C** warm halten.
5. Tiefgekühlte Lebensmittel bei mindestens **–12 °C / –18 °C** lagern.
6. Gegarte Speisen vor der Weiter-Verarbeitung **kühlen / einfrieren**.
7. Ei-haltige Creme-Speisen nur **kurze / lange** Zeit gekühlt aufbewahren.
8. Zum Abkühlen große Portionen in **kleinere / größere** Behälter umfüllen.

Datum: ____________

Klasse: ____________

Name: ____________

Mikroorganismen

Fachbuch: Seite(n) ________

1 Beantworten Sie die Fragen.

a) Wie nennt man Mikroorganismen auch?

____

b) Was sind Mikroorganismen?

____

c) Was sind Keime?

____

d) Bei welchen Verfahren setzt man Mikroorganismen bewusst ein?

________-Verfahren, z. B. ________
____

________-Verfahren, z. B. ________
____

________-Verfahren, z. B. ________
____

e) Welche Auswirkungen durch Mikroorganismen sind unerwünscht?

Lebensmittel-________, z. B. ________
____

Lebensmittel-________, z. B. ________
____

Lebensmittel-________, z. B. ________
____

Datum: ________ Klasse: ________ Name: ________

Mikroorganismen: Vermehrung

Fachbuch: Seite(n) ________

Bei ____________ Lebensbedingungen ____________________ sich Mikroorganismen alle _____ Minuten.

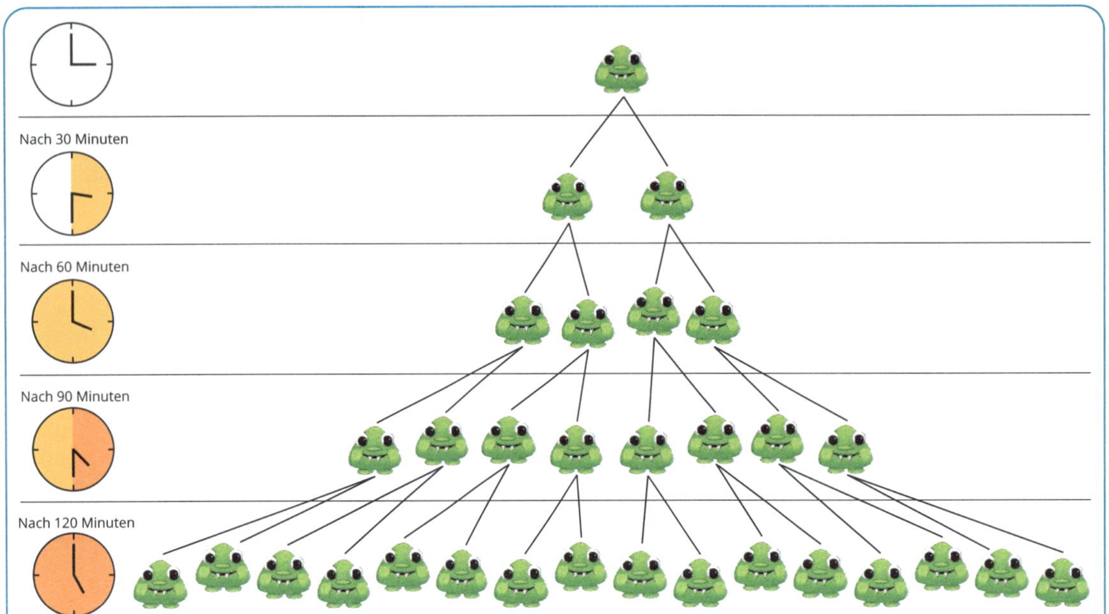

© BLE, Illustration: Arnout van Son in 1323/2014 aid Küchenhygiene, S. 10

1 **Berechnen Sie die Anzahl der Mikroorganismen.**

Um 8:00 Uhr gibt es 7000 Mikroorganismen.

Wie viele Mikroorganismen gibt es um 8:30 Uhr?

____

Wie viele Mikroorganismen gibt es um 9:30 Uhr?

____

Wie viele Mikroorganismen gibt es um 11:00 Uhr?

____

2 **Berechnen Sie die Uhrzeiten. Zeichnen Sie die Uhrzeit ein.**

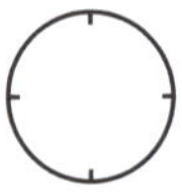

Um wie viel Uhr gibt es 7 168 000 Mikroorganismen Mikroorganismen?

____

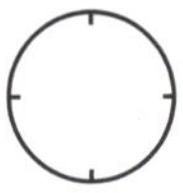

Um wie viel Uhr gibt es 57 344 000 Mikroorganismen?

____

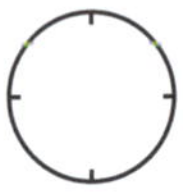

Um wie viel Uhr gibt es 917 504 000 Mikroorganismen?

____

Mikroorganismen: Lebensbedingungen

Fachbuch: Seite(n) ________

1 Was brauchen Mikroorganismen zum Leben?

				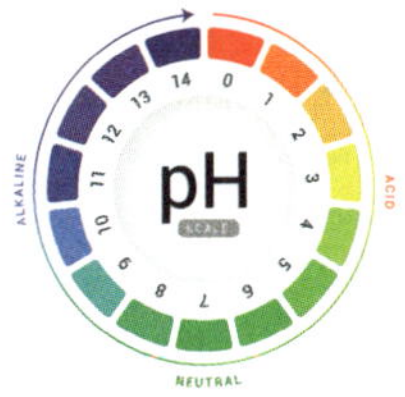
________ ________ ________	________ ________ ________	________ ________ ________	________ ________ ________	________ ________ ________

2 Füllen Sie aus.

Lebensbedingung: ________________________

________________ **brauchen** Sauerstoff.

Beispiele: ________________________

Sie leben ________________________

________________________.

________________ **brauchen keinen** Sauerstoff.

Beispiele: ________________________

Sie leben ________________________

________________________.

________________ können **mit und ohne** Sauerstoff leben.

Beispiele: ________________________

Lebensbedingung: ________________________

________________ **brauchen** Wasser als ________________

________________________.

Wasser muss für die Mikroorganismen ________________________.

Mikroorganismen: Lebensbedingungen

Lebensbedingung: ______________________________

______________________ **bevorzugen** –5 °C bis +20 °C.

Mikroorganismen, die mittlere Temperaturen mögen, fühlen sich bei ____________________ °C wohl.

Mikroorganismen, die __________ Temperaturen mögen, fühlen sich bei ______________ °C wohl.

Merke! Die meisten Mikroorganismen vermehren sich zwischen ____________________________.

Lebensbedingung: ______________________________

Diese Mikroorganismen bevorzugen **Kohlenhydrate:** ______________________________

Sie befallen: ______________________________

Diese Mikroorganismen bevorzugen **Fett:** ______________________________

Sie befallen: ______________________________

Diese Mikroorganismen bevorzugen **Eiweiß:**

____________________	Sie befallen: Fleischsalat, Geflügelsalat, Cremes, Tortenfüllungen
Salmonellen	Sie befallen: ______________________________
____________________	Sie befallen: Milch, Frischkäse, Creme-Speisen

Lebensbedingung: ______________________________

Die meisten Mikroorganismen **vermehren sich** bei einem pH-Wert von ______.

Die meisten Bakterien **vermehren sich nicht** mehr bei einem pH-Wert, der niedriger ist als ______.

Deshalb befallen Bakterien manche Lebensmittel kaum, z. B. ______________________________

____.

Datum: ____________ Klasse: ____________ Name: ____________

Mikroorganismen: Salmonellen

Fachbuch: Seite(n) ____________

Datum: ____________ Klasse: ____________ Name: ____________

1 Beantworten Sie die Fragen.

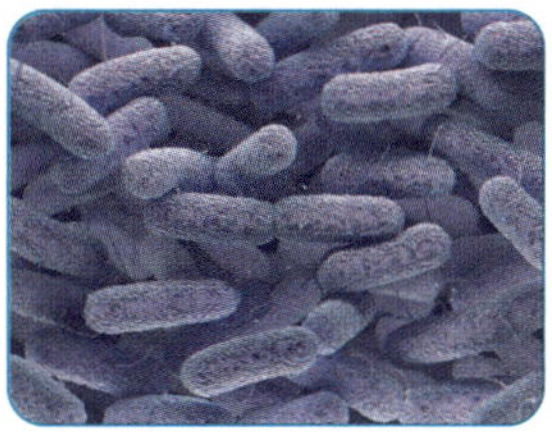

a) Wo leben Salmonellen?

____

b) In welches Gewebe gelangen Salmonellen?

____

c) Wie heißt die Krankheit, die durch Salmonellen ausgelöst wird?

____

d) Manche Menschen scheiden nach einer Salmonellose ihr Leben lang Salmonellen aus. Wie nennt man diese Personen?

____

e) In welchen Lebensmitteln kommen Salmonellen vor allem vor?

____

f) Salmonellose ist eine ____.

2 Markieren Sie die Antworten in dem Wortsuch-Rätsel.

B	Q	Z	Z	M	N	D	O	B	G	E	F	L	Ü	G	E	L	T	Q	B	L	K
L	E	B	E	N	S	M	I	T	T	E	L	-	I	N	F	E	K	T	I	O	N
S	L	H	I	R	B	N	P	S	D	E	Q	S	R	J	E	I	E	R	W	M	G
M	H	A	D	A	U	E	R	-	A	U	S	S	C	H	E	I	D	E	R	U	F
D	T	C	Y	Q	N	K	B	L	R	L	P	E	P	W	Z	Z	A	I	I	S	D
P	K	K	Z	C	F	X	A	T	M	G	M	Q	K	X	I	J	L	E	E	K	G
D	D	F	H	E	P	I	C	R	V	L	D	O	R	R	C	Z	A	K	D	E	B
P	D	L	C	H	Y	R	A	C	O	B	A	D	N	E	D	I	E	W	K	L	C
Z	G	E	M	N	B	G	E	N	N	V	N	E	T	E	Y	G	P	T	D	G	V
G	M	I	H	G	C	X	J	I	T	R	H	J	A	A	L	E	P	A	T	E	A
H	I	S	S	S	T	G	X	Y	I	H	L	Y	K	Z	G	L	R	S	A	W	Y
X	I	C	X	H	M	S	T	N	E	V	N	J	J	E	N	L	O	F	H	E	C
A	L	H	S	J	Z	H	G	G	R	G	C	B	T	D	X	Y	Q	S	P	B	D
X	T	K	C	J	W	F	W	M	E	T	Z	R	Q	I	J	H	Q	V	E	E	O
T	H	K	C	T	Y	C	N	X	N	X	M	K	Z	Y	Y	Z	V	M	W	B	N

Schimmelpilze

Fachbuch: Seite(n) ________

1 **Beantworten Sie die Fragen.**

a) Durch was kommen Schimmelpilze über die Luft auf Lebensmittel?

____

b) Was sieht man vom Schimmelpilz auf dem Lebensmittel?

____

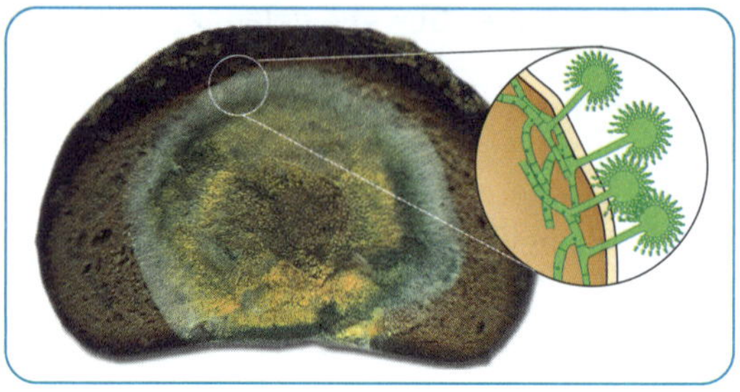

c) Wie heißt das Wurzel-Geflecht bei Schimmelpilzen?

____

d) Was bilden Schimmelpilze?

____

e) Welche Lebensmittel werden durch Schimmelpilze veredelt?

____

2 **Markieren Sie die Antworten in dem Wortsuch-Rätsel.**

F	B	V	X	I	C	J	U	E	O	A	E	S	M	Ä	V	M	D	P	X
H	E	A	F	P	X	U	O	D	T	H	O	P	Y	S	K	L	I	D	Z
Z	L	N	A	Ä	N	O	Q	E	Y	F	Y	O	Z	G	F	S	A	K	C
G	Ö	W	M	R	Z	E	T	L	C	M	S	R	E	Z	T	Z	J	O	M
E	D	Y	Ö	T	E	A	S	S	P	A	Y	E	L	S	R	Ö	K	F	Ö
W	O	A	Y	U	H	Z	S	A	T	L	M	N	S	E	C	Ö	G	K	E
R	Z	N	D	G	N	X	Y	L	R	B	G	E	Z	T	T	S	D	X	B
A	P	N	A	D	K	E	G	A	A	-	M	X	M	R	A	Y	C	N	F
U	E	C	P	P	V	G	I	M	Ä	J	Z	C	H	B	A	M	C	J	Z
N	Z	Q	I	G	D	J	F	I	B	G	E	L	H	O	E	R	J	Ä	Ä
Y	V	K	B	R	S	A	T	A	E	Ä	M	Y	I	L	Ä	R	L	K	X
D	R	H	X	Ä	Z	K	E	D	I	X	D	J	O	P	Q	K	T	L	H
J	E	K	T	E	S	Ä	K	L	E	M	M	I	H	C	S	U	A	L	B
P	A	F	Ö	P	F	B	I	Z	U	I	D	U	W	H	O	J	I	M	J

Name: ________ Klasse: ________ Datum: ________

Schädlinge

Fachbuch: Seite(n) ________

Lösen Sie das Kreuzwort-Rätsel.

Waagerecht:

1. Schädlinge verschmutzen durch ihren …
2. Nahrungsmittel-Motte, die sich in einem Getreideprodukt wohlfühlt
3. durch Ratten und Mäuse verursacht
4. Schädling, der sich u. a. von Back-Waren ernährt
5. gegen diese Schädlinge stellt man Köder-Dosen auf
6. Fliegen-Gitter schützt vor …

Senkrecht:

1. sehr kleine Fliege
2. aus diesem kleinen Tier wird eine Motte
3. Raupen verschmutzen durch
4. umgangssprachlich für „Schädlings-Bekämpfer"
5. Schädling, der bis zu 60 Junge im Jahr bekommen kann
6. anderer Name für Schaben
7. bis zu 25 cm große „Maus"

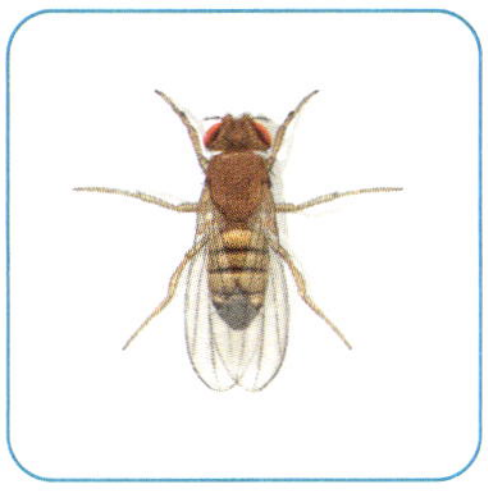

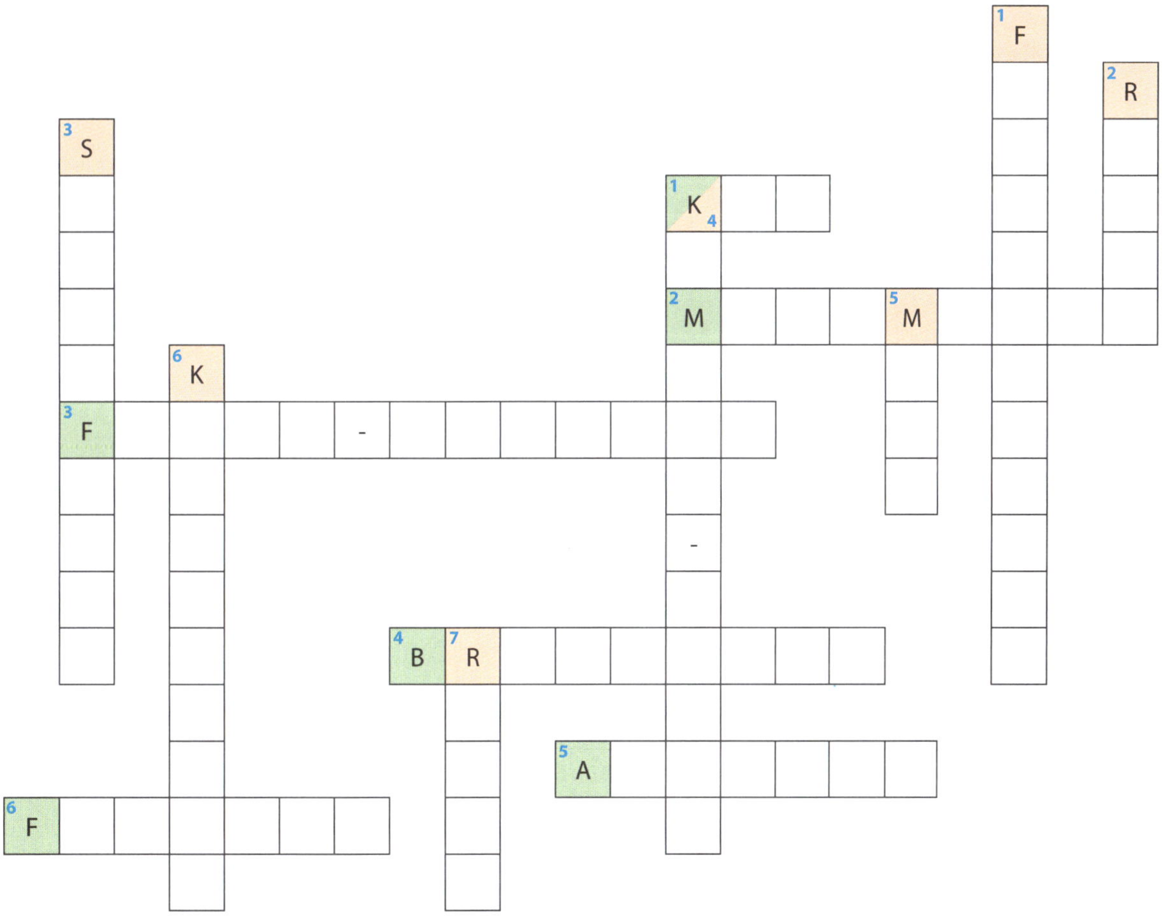

Reinigen und Desinfizieren

Fachbuch: Seite(n) ______

1 Beantworten Sie die Fragen.

a) Was ist Reinigen?

____

b) Welche Aufgaben übernimmt Wasser beim Reinigen?

- ______________________________
- ______________________________
- ______________________________

c) Welche Temperatur sollte Wasser beim Reinigen haben?

____

d) Was passiert, wenn die Wasser-Temperatur zu hoch ist?

____

e) Welche Aufgabe übernehmen die Wirk-Stoffe in Reinigungs-Mitteln?

____

____

f) Warum hilft die geringere Oberflächen-Spannung beim Reinigen?

____

2 Beschriften Sie die Abbildungen.

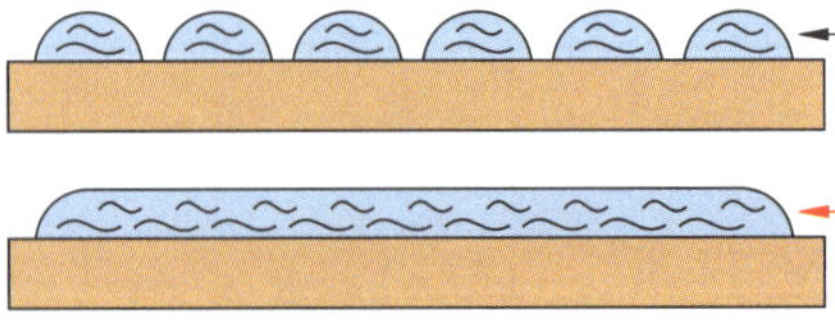

______________________________ 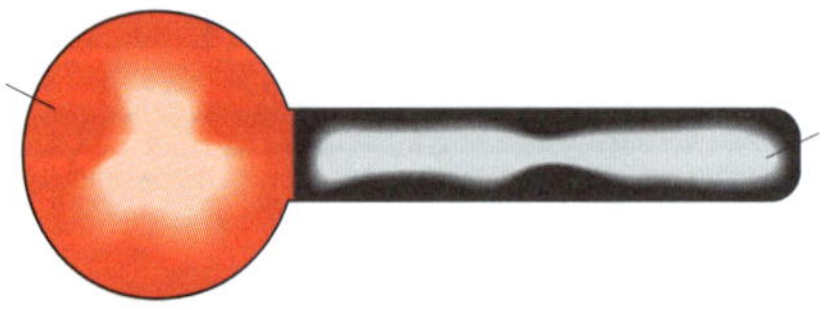 ______________________________

Wirkstoff im Reinigungs-Mittel

Reinigen und Desinfizieren

Fachbuch: Seite(n) ______

3 Wie wirken die Wirk-Stoffe in Reinigungs-Mitteln? Erklären Sie.

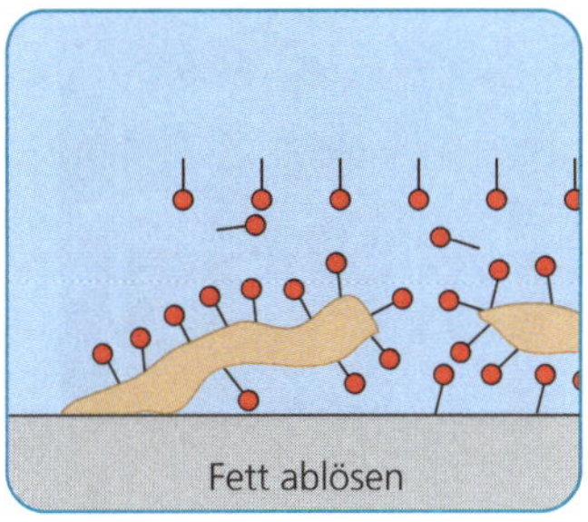

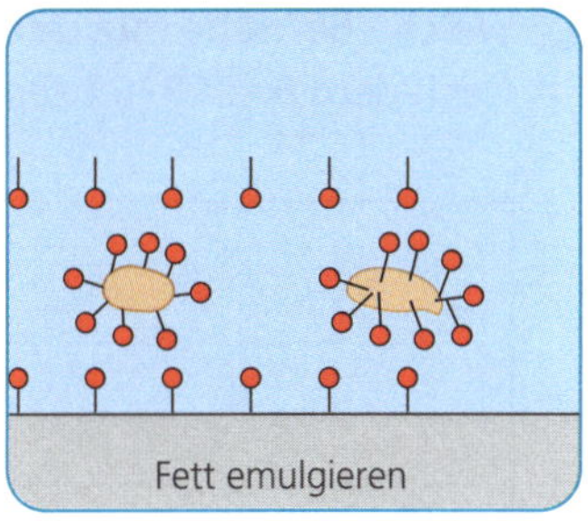

4 Beantworten Sie die Fragen.

a) Was will man mit dem Desinfizieren erreichen?

b) Was muss man beim Desinfizieren beachten?

c) Wann desinfiziert man?

5 Bringen Sie die Bilder in die richtige Reihenfolge. Schreiben Sie die Zahlen von 1 bis 6 in die Kästchen.

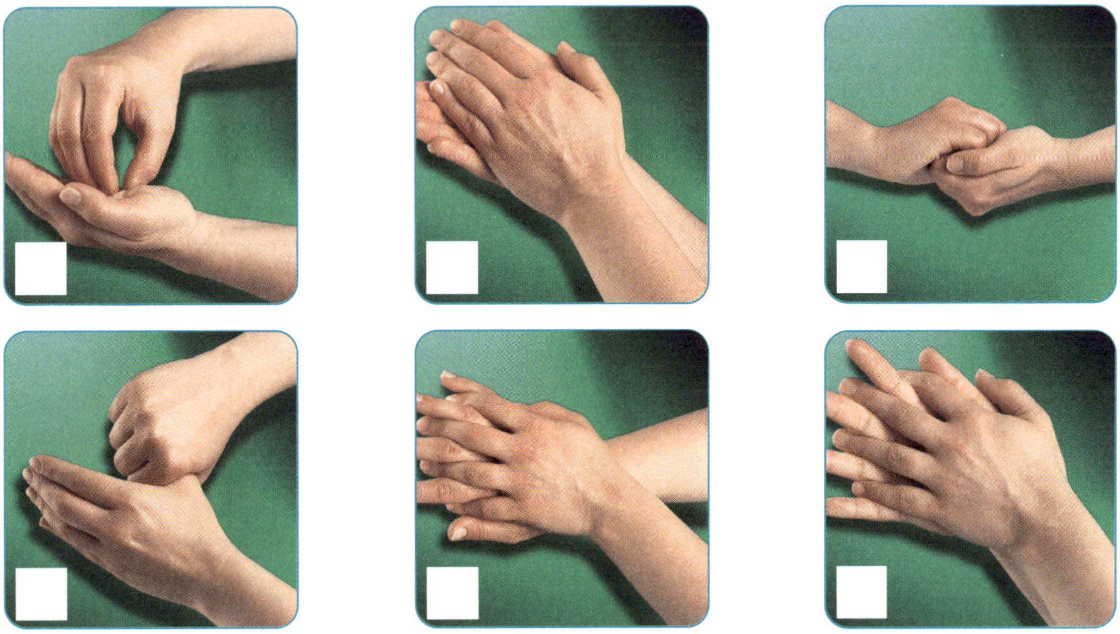

6 Wie lange muss man das Desinfektions-Mittel bei der Hand-Desinfektion einwirken lassen?

Datum: ______ Klasse: ______ Name: ______

HACCP-Konzept

Fachbuch: Seite(n) ________

1 Welche Betriebe müssen nach dem HACCP-Konzept arbeiten?

Nach dem HACCP-Konzept muss jeder Betrieb arbeiten, der Lebensmittel

________	________	________
________	________	________
________	________	________

2 Fragen können helfen, Gefahren zu erkennen.
Schreiben Sie die Nummer des Arbeitsschritts hinter die dazugehörende Kontroll-Frage.

	Arbeitsschritte	Kontroll-Fragen	
1	TK-Hähnchen-Schenkel werden geliefert	Wird die Spüle nach dem Abwaschen der Hähnchen-Schenkel gereinigt und desinfiziert?	
2	Im Tiefkühl-Lager (Froster) lagern	Werden Arbeits-Geräte und Schneid-Bretter nach der Benutzung gereinigt und desinfiziert?	
3	Hähnchen aus der Verpackung nehmen und in ein Loch-Sieb legen; das Loch-Sieb auf eine Schale stellen	Werden die Hähnchen-Schenkel durchgegart?	
4	Im Fleisch-Kühlhaus auftauen	Werden Streuer zum Würzen benutzt?	
5	In der Spüle über dem Abtropf-Gitter abwaschen	Beträgt die Temperatur +2 °C bis +4 °C?	
6	Hähnchen-Schenkel abtrocknen	Wird die Temperatur bei der Anlieferung überprüft?	
7	Parieren (Fett und Sehnen entfernen)	Werden zum Abtrocknen der abgewaschenen Hähnchen-Schenkel Einmal-Tücher verwendet?	
8	Mit Salz, Pfeffer und Paprika würzen	Beträgt die Temperatur −18 °C?	
9	Im Konvektomaten garen	Wird die Verpackung weggeworfen, ohne Lebensmittel und Arbeits-Flächen zu berühren?	

Datum: ________
Klasse: ________
Name: ________

Unfallverhütung

Fachbuch: Seite(n) ______

1 **Beschreiben Sie einen Unfall, den Sie in der Küche erlebt haben.**

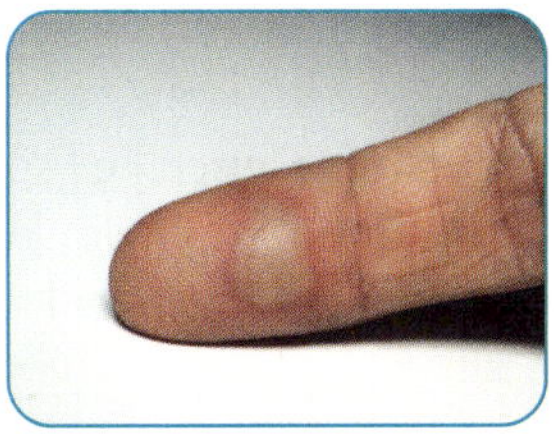

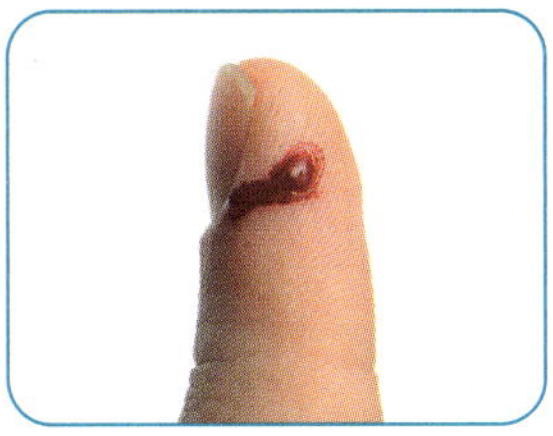

____

____

____

____

____

____

____

____

____

____

____

2 **Ordnen Sie die Vorbeugungs-Maßnahmen den Unfällen/Verletzungen zu. Schreiben Sie den richtigen Buchstaben in das Kästchen vor die Zahl.**

	So können Sie Unfälle/Verletzungen vermeiden	Buchstabe		Unfall/Verletzung
A	Nach dem Wischen ein Hinweis-Schild aufstellen	____	1	Stich-Verletzung
B	Topf mit heißer Flüssigkeit vorsichtig tragen	____	2	Quetschung
C	Türen und Schranktüren nicht offen stehenlassen.	____	3	Sturz
D	Beim Gemüse-Schneiden Krallen-Griff anwenden	____	4	Verätzung
E	Desinfektions-Mittel in einem eindeutig gekennzeichneten Behälter aufbewahren	____	5	Unfall durch Stromschlag
F	Kartons aus dem Weg räumen	____	6	Schnitt-Verletzung
G	Schranktüren und Türen vorsichtig schließen.	____	7	Prellung
H	Elektrische Geräte und elektrische Anlagen von einem Fachmann reparieren lassen	____	8	Verbrennung
I	Beim Ausbeinen Stechschutz-Handschuh tragen	____	9	Verbrühung
J	Heiße Teller mit Torchon anfassen	____	10	Ausrutschen

Datum: ______ Klasse: ______ Name: ______

Unfallverhütung

Fachbuch: Seite(n) ________

3 Bilden Sie mit diesen Silben die Lösungs-Wörter:

Brand | Fleisch | e | spritz | hung | quetsch | bla | ne | Au | Sack | bren | re |
Klemm | haut | was | Ver | schützt | schie | Prel | nung | brü | lek | gen | ät | schutz |
scher | se | ge | Ver | zend | en | ha | tri | ser | lung | kar | ken

Warnung vor ____________________ Spannung	
Bons hängt man an eine ____________________.	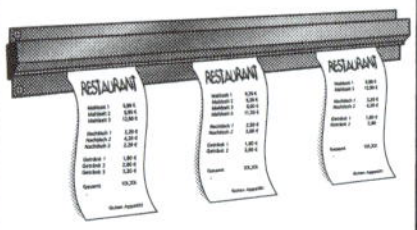
Verletzung durch eine Verbrennung: ____________________.	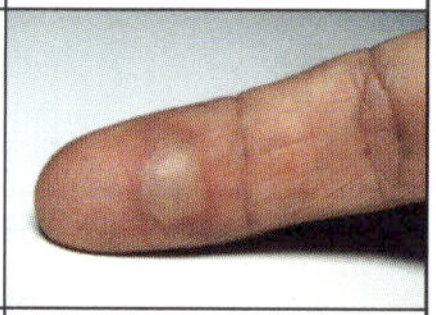
Unfall durch heiße Flüssigkeit: ____________________.	
____________________ tragen	
Geräte in der Küche müssen ____________________ sein.	
Unfall durch heißes Metall oder heißes Fett: ____________________	
Warnzeichen: ____________________	
Man bekommt blaue Flecken durch eine ____________________.	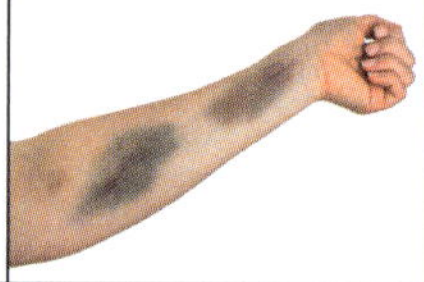
Der ____________________ darf nur an einer Seite spitz sein.	
Vorsicht beim Gebrauch einer ____________________. Man kann sich den Finger ____________________.	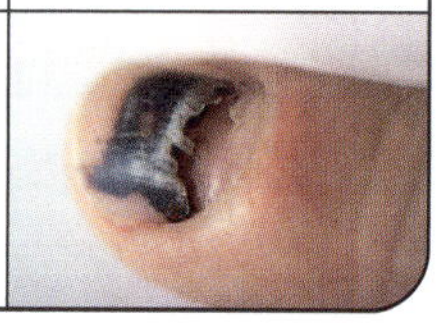

Datum: ________

Klasse: ________

Name: ________

Datum: ______ Klasse: ______ Name: ______

Sicherheitszeichen

Fachbuch: Seite(n) ______

1 **Schneiden Sie die Zeichen aus dem Papier-Bogen aus. Kleben Sie die Zeichen an die richtigen Stellen in der Tabelle.**

2 **Schreiben Sie den Oberbegriff der Sicherheits-Zeichen auf die Linie.**

Kennen Sie die

______			
Defibrillator	**Richtungsangabe für Erste Hilfe**	**Erste Hilfe**	**Krankentrage**
Sammelstelle	**Rettungsweg**	**Fluchtweg**	**Notausgang**

Kennen Sie die

______			
Handschutz benutzen	**Fußschutz benutzen**	**Gehörschutz benutzen**	**Augenschutz benutzen**

Sicherheitszeichen

Fachbuch: Seite(n) ________

Kennen Sie die

________			
Kein Trinkwasser	Rauchen verboten	Mit Wasser löschen verboten	Feuer, offenes Licht und Rauchen verboten

Kennen Sie die

________			
Achtung Entzündend wirkende Stoffe	Achtung Gase unter Druck	Gefahr Hautätzend	Gefahr Akute Toxizität

Kennen Sie die

________			
Brandmelder	Feuerlöscher	Feuerleiter	Löschschlauch

Name: ________ Klasse: ________ Datum: ________

Erste Hilfe

Fachbuch: Seite(n) ________

1 Schreiben Sie die richtige Notruf-Nummer in das NOTRUF-Schild.

2 Wo erreicht man mit der Notruf-Nummer die Rettungs-Leitstelle?

____

3 Wie viel kostet ein Anruf bei der Notruf-Nummer?

____

4 Ergänzen Sie die W-Fragen für einen Notruf.

________ meldet sich?

________ ist der ________ passiert?

________ ist passiert?

________ Personen sind betroffen?

________ Art von ________ gibt es?

________ auf ________!

5 Was muss man tun? Ergänzen Sie die Tabelle.

Grund für die Erste Hilfe	Was muss man tun?	
________ ________	________ ________ ________ ________ ________ ________	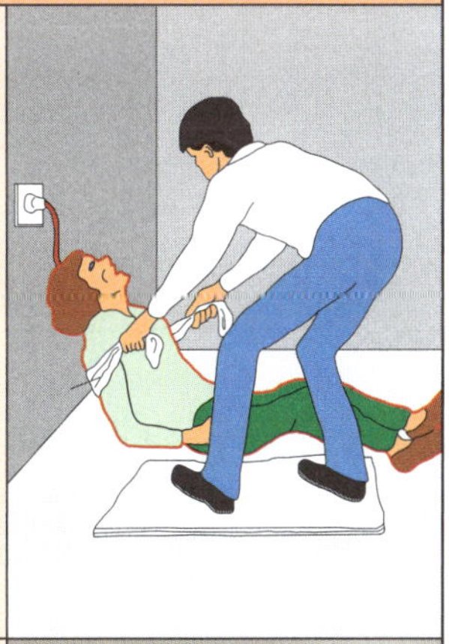
________ ________ ________	________ ________ ________ ________ ________ ________	

Datum: ________

Klasse: ________

PFANNEBERG

Name: ________

Grund für die Erste Hilfe	Was muss man tun?	
		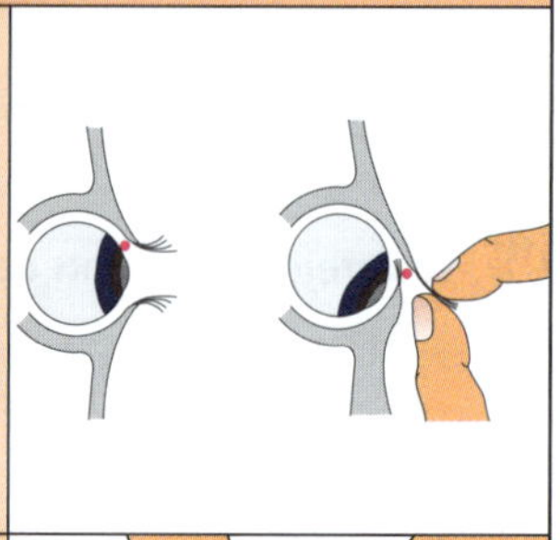
		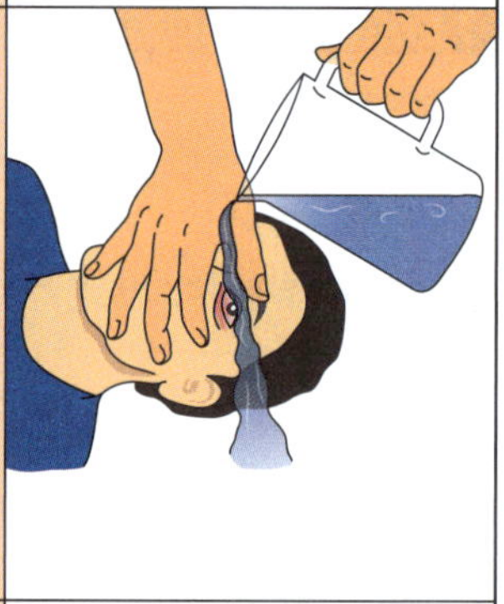

		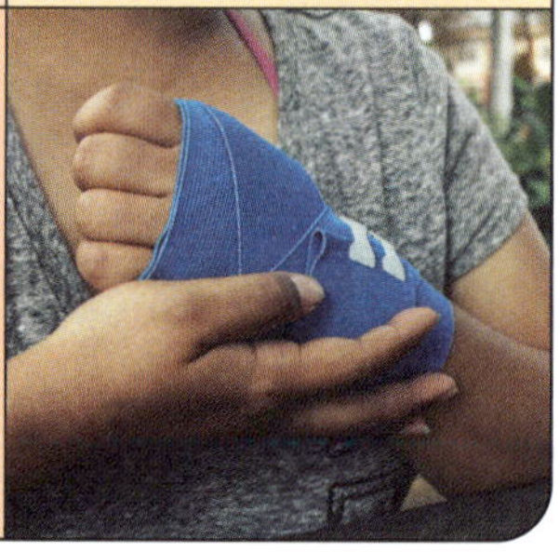

6 Beschriften Sie die Abbildung.

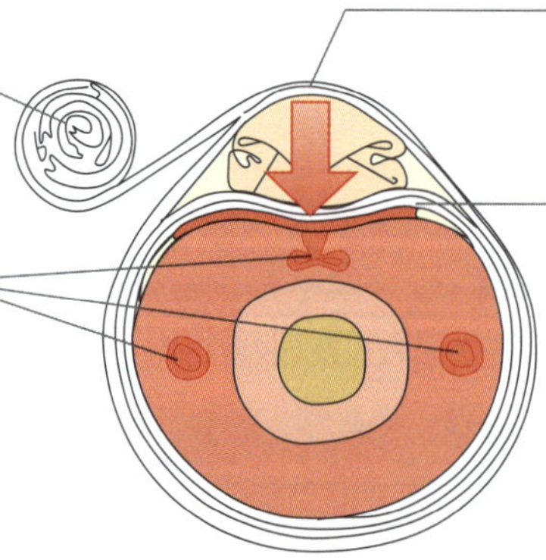

Die Umwelt schützen

Fachbuch: Seite(n) ________

1 Sortieren Sie die Abfälle.
Schreiben Sie die Abfälle in die Müll-Tonnen.

rohe Birnen-Schalen | Brot | Zeitschriften | Porzellan-Becher | Papier-Taschentücher | Eier-Karton
Tages-Zeitung | Erbsen-Dose | Werbe-Prospekt | Plastik-Flasche | Senf-Glas | Pellkartoffel-Schalen
Wurst-Reste | Buttermilch-Tetra-Pack | Hähnchen-Knochen | Batterien | gekochte Eierschale | Styropor
Essig-Flasche | Spareribs-Knochen | Plastik-Tüten | Kaugummi | Marmeladenglas-Deckel | Maiskeim-Öl
Zigaretten | verschimmelter Apfel | Joghurt-Becher | Glaskanne | Butterschmalz | Pappe |
Frittier-Fett | Weinflasche | Blumenkohl-Strunk | Moltons/Tischunterlagen | Fisch-Flossen |
Grill-Reiniger | Spargel-Schalen | Salat-Blätter | zerbrochenes Saft-Glas | Kaffee-Filter | Feuerzeug

Datum: ________
Klasse: ________
Name: ________

Die Umwelt schützen

Fachbuch: Seite(n) ________

2 Man kann in der Küche noch andere Maßnahmen zum Umwelt-Schutz umsetzen.
Nennen Sie weitere Maßnahmen.

____

____

____

Name: ________ Klasse: ________ Datum: ________

Datum: ____

Klasse: ____

Name: ____

Kohlenhydrate

Fachbuch: Seite(n) ____

1 Füllen Sie den Lücken-Text aus.

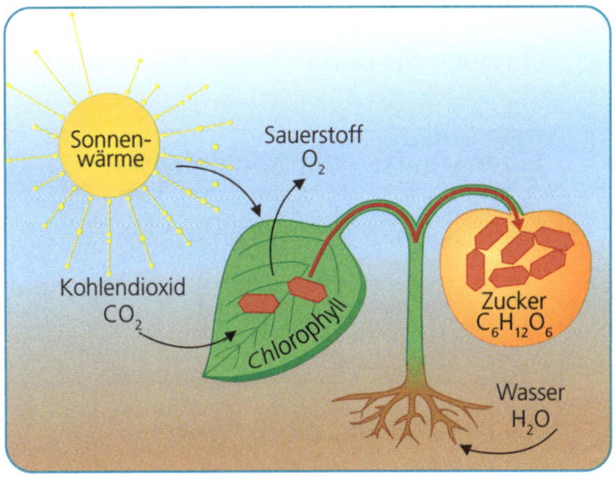

Die Pflanze nimmt aus der Luft ____

auf. Kohlendioxid besteht aus Kohlenstoff und Wasserstoff.

Die Pflanze nimmt aus dem Boden ____ auf.

Wasser besteht aus Wasserstoff und Sauerstoff.

Die Pflanze baut mit Sonnenwärme im ____

(Chlorophyll) der Pflanze ____ auf.

Bei der Bildung von Zucker entsteht ____. Den Sauerstoff gibt die Pflanze an die

____ ab.

Man nennt diesen Vorgang ____.

2 Ordnen Sie die Kohlenhydrate den Kohlenhydrat-Gruppen zu.

Zellulose | Trauben-Zucker | Malz-Zucker | Schleim-Zucker | Stärke | Milch-Zucker | Dextrin | Frucht-Zucker | Rohr-Zucker/Rüben-Zucker

Einfach-Zucker	Doppel-Zucker	Vielfach-Zucker

3 Beantworten Sie die Fragen.

a) **Welche Aufgabe haben Kohlenhydrate im menschlichen Körper?**

____

b) **Wie viele Kilo-Joule liefert 1 g Kohlenhydrate?**

____

c) **Als was speichert der Körper zu viel aufgenommene Kohlenhydrate in der Leber?**

____

d) **Für was sind Ballast-Stoffe wichtig?**

____

Kohlenhydrate

Fachbuch: Seite(n) ________

4 **Ordnen Sie die Eigenschaften der Kohlenhydrate der passenden Verwendung zu. Schreiben Sie den richtigen Buchstaben in das Kästchen vor die Zahl.**

	Eigenschaften der Kohlenhydrate	Buchstabe		Eigenschaften in der Küche nutzen
A	Dextrine schmecken süßlich.	______	1	Man bereitet Rote Grütze zu.
B	Zucker zieht Wasser an.	______	2	Man stellt Karamell für Karamell-Creme her.
C	Zucker wirkt konservierend.	______	3	Man süßt ein Dressing mit Zucker.
D	Stärke bindet Flüssigkeit.	______	4	Man bietet Vollkorn-Produkte auf der Speisekarte an.
E	Zucker löst sich gut in Wasser.	______	5	Man verwendet Trauben-Zucker zum Backen von Gebäck, das feucht bleiben soll.
F	Zucker schmilzt, wenn man ihn erhitzt.	______	6	Man kocht Erdbeer-Konfitüre mit Gelier-Zucker.
G	Zellulose regt die Verdauung an.	______	7	Mehl-Schwitze verliert beim Anschwitzen den mehligen Geschmack.

5 **Was muss man bei der Verwendung von Stärke beachten?**

____

____

6 **Warum darf man Stärke nicht direkt in heiße Flüssigkeit einrühren?**

____

____

7 **Beschreiben Sie die Zubereitung von Roter Grütze.**

____

____

____

____

____

____

____

Datum: ________ Klasse: ________ Name: ________

Fette

Fachbuch: Seite(n) ________

1 Aus welchen Bausteinen bestehen Fette? Beschriften Sie die Abbildung.

2 Ordnen Sie die Fette zu.

Talg | Distel-Öl | Schmalz | Kokos-Fett | Kürbiskern-Öl | Butter-Schmalz | Oliven-Öl | Lebertran | Pflanzen-Margarine | Butter | Fisch-Öl | Palmkern-Fett

Pflanzliche Fette		**Tierische Fette**	
Flüssig		**Flüssig**	
Streichfest		**Streichfest**	
Fest		**Fest**	

3 Beantworten Sie die Fragen.

a) Welche Aufgabe haben Fette im menschlichen Körper?

____

b) Wie viele Kilo-Joule liefert 1 g Fett?

____

c) Was bedeutet essenziell?

____

Datum: ________
Klasse: ________
Name: ________

Fette

Fachbuch: Seite(n) ________

d) Der menschliche Körper kann essenzielle Fettsäuren nicht selbst bilden. Wie nimmt der Mensch essenzielle Fettsäuren auf?

____

____

e) Welche Vitamine kann der Körper nur in Verbindung mit Fett verwerten?

____

____

4 Ordnen Sie die Eigenschaften der Fette der passenden Verwendung zu. Schreiben Sie den richtigen Buchstaben in das Kästchen vor die Zahl.

Eigenschaften der Fette		Buchstabe	Eigenschaften in der Küche nutzen	
A	Fett ist „leichter" als Wasser.	____	1	Man kann Kuchen besser aus der Form nehmen.
B	Fette bilden Trenn-Schichten.	____	2	Man stellt selbst Mayonnaise und Sauce Hollandaise her.
C	Flüssige Fette können eine Emulsion bilden.	____	3	Man kann festes Fett von Flüssigkeiten abheben. Man nennt das „degraissieren".
D	Fette haben unterschiedliche Schmelz-Bereiche.	____	4	Man kann: • mit Kokos-Fett frittieren • mit Raps-Öl Gulasch anbraten • mit Butter Spiegel-Eier braten
E	Fette sind unterschiedlich hoch erhitzbar.	____	5	Man kann: • mit Butter-Schmalz braten • mit Butter Brötchen bestreichen • mit Oliven-Öl Dressing zubereiten

5 Wie entsteht eine Emulsion?

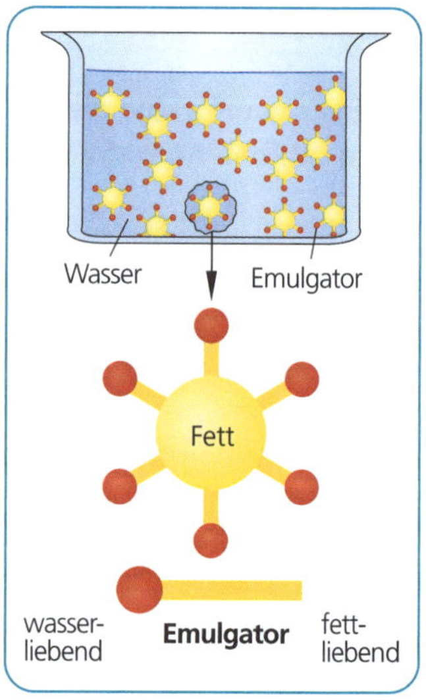

____

____

____

____

____

____

____

____

Datum: ____ Klasse: ____ Name: ____

Proteine

Fachbuch: Seite(n) ______

1 In welchen Lebensmitteln kommen Proteine vor?

______

______

______

2 Wie heißt der kleinste Baustein der Proteine?

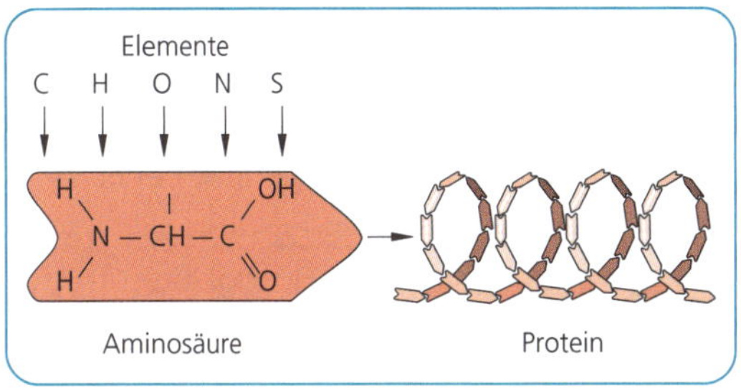

______

3 Wie viele dieser kleinsten Bausteine gibt es?

______

4 Beantworten Sie die Fragen.

a) Welche Aufgabe haben Proteine im menschlichen Körper?

______

b) Wie viele Kilo-Joule liefert 1 g Proteine?

______

c) Es gibt 8 essenzielle Aminosäuren. Was bedeutet essenziell?

______

d) Wie nimmt der Mensch essenzielle Aminosäuren auf?

______

e) Was bedeutet biologische Wertigkeit?

______

______

______

f) Welche Lebensmittel ergänzen sich gut und haben zusammen eine hohe biologische Wertigkeit?

______

______

______

Proteine

Fachbuch: Seite(n) ________

5 **Ordnen Sie die Eigenschaften der Proteine der passenden Verwendung zu. Schreiben Sie den richtigen Buchstaben in das Kästchen vor die Zahl.**

	Eigenschaften der Proteine	Buchstabe		Eigenschaften nutzen
A	Kollagen bildet Gelee.	______	**1**	In der Molkerei werden z. B. Käse, Crème fraîche und Joghurt hergestellt.
B	Kasein gerinnt durch Säure und Lab.	______	**2**	Man bereitet mit Eiern zu, z. B.: • Eier-Stich • Crème brûlée
C	Globulin löst sich in salzigen Flüssigkeiten und gerinnt bei etwa 70 °C.	______	**3**	Man plattiert Fleischteile vor dem Braten. Das Fleisch bleibt saftiger.
D	Albumin zieht in Flüssigkeiten Trüb-Stoffe an und gerinnt bei 70 °C.	______	**4**	Man lockert mit Ei-Schnee eine Masse, z. B. Grieß-Flammeri.
E	Proteine im Ei-Klar halten Luft.	______	**5**	Man kann mit Klär-Fleisch eine Brühe klären.
F	Bindegewebe verkürzt sich beim Erhitzen.	______	**6**	Bäckereien backen verschiedene Brot-Sorten.
G	Albumin bindet beim Erwärmen Flüssigkeit.	______	**7**	Man bindet mit Gelatine Bayerische Crème.
H	Gluten bildet das Gerüst im Brot.	______	**8**	Man stellt eine Farce her. Mit der Farce füllt man eine Pastete.

6 **Gelatine verwendet man z. B. zur Herstellung von Aspik. Beschreiben Sie die Arbeitsweise.**

Gelatine-Pulver

____
____
____
____
____

Blatt-Gelatine

____
____
____
____
____
____
____

Vitamine

Fachbuch: Seite(n) ________

1 Welche Aufgaben haben Vitamine im menschlichen Körper? Ordnen Sie die folgenden Wörter zu 3 Sätzen.

Abläufe | Körper | Vitamine | verschiedene | im | Vitamine | vor | Vitamine | Krankheiten | regeln | Regler-Stoffe | sind | schützen

____

____

____

____

2 Man teilt Vitamine in zwei Gruppen ein. Ergänzen Sie die Tabelle.

________ Vitamine		________ Vitamine	
Vitamin	**enthalten in**	**Vitamin**	**enthalten in**
Folsäure	________	________	Pflanzen-Öle, Nüsse, Müsli
________	Pilze, Fett-Fische, Camembert	**K**	________
________	Orangen, Grünkohl, Paprika	**A**	________
B1	________	________	Käse, Eier, Pilze, Butter

3 Wodurch werden Vitamine zerstört?

____

____

4 Wie kann man Vitamin-Verluste bei der Vorbereitung und bei der Zubereitung vermeiden? Füllen Sie den Lücken-Text aus.

Man verarbeitet geschälte ________ möglichst ________.

Gemüse und Kartoffeln ________ oder ________ man.

Gemüse und Obst ________ man ________ und dunkel.

Man ________ Gemüse und Obst nur kurz und ________.

________ Gemüse legt man ________ in Wasser. Man ________ es mit ________ ab.

Mineralstoffe

Fachbuch: Seite(n) ________

Bearbeiten Sie das Rätsel.

Waagerecht:	**Senkrecht:**
1. lebensnotwendig 3. anorganische Stoffe in Lebensmitteln 4. roter Muskel-Farbstoff 7. roter Blut-Farbstoff 9. baut Knochen und Zähne auf 10. Bestandteil des Schilddrüsen-Hormons 12. bildet den roten Blut-Farbstoff 13. diese braucht der Körper nur in kleinen Mengen	2. kommt u.a. in Käse, Kochsalz und Schinken vor 4. diese braucht der Körper in größeren Mengen 5. kommt u.a. in Bananen, Kartoffeln und Nüssen vor 6. kommt u.a. in See-Fischen, Eiern und Käse vor 8. Krankheit, bei der die Knochen nicht mehr fest sind 11. bei Mangel an diesem Mineralstoff kommt es zu Muskel-Krämpfen

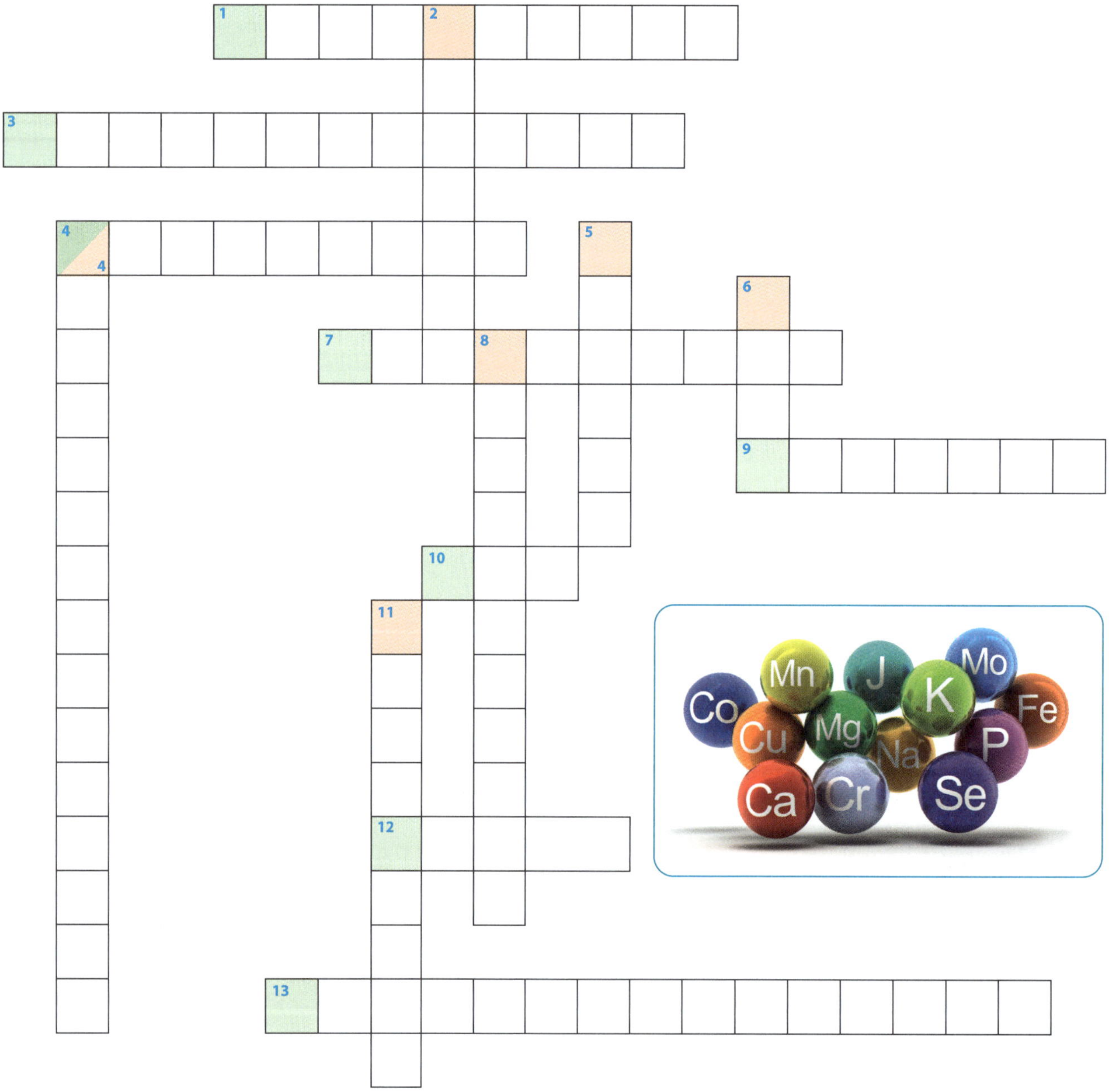

Datum: ______ Klasse: ______ Name: ______

Wasser

Fachbuch: Seite(n) ______

1 Beantworten Sie die Fragen.

a) Warum ist Wasser ein Baustoff für den menschlichen Körper?

______

______

b) Warum ist Wasser ein Lösungs-Mittel für den Körper?

______

______

c) Warum ist Wasser ein Transport-Mittel für den Körper?

______

______

d) Wie unterstützt Wasser den Wärme-Ausgleich im Körper?

______

e) Wie viel Liter Wasser sollte der Mensch am Tag durch Getränke zu sich nehmen?

______

f) Was geschieht, wenn der Mensch zu wenig Flüssgkeit zu sich nimmt?

______

______

______

2 Ordnen Sie die Eigenschaften von Wasser der passenden Verwendung zu. Schreiben Sie den richtigen Buchstaben in das Kästchen vor die Zahl.

Eigenschaften der Fette		Buchstabe	Eigenschaften in der Küche nutzen	
A	Wasser laugt aus.	______	1	Man kocht Kartoffeln.
B	Mit Wasser gart man Lebensmittel.	______	2	Man süßt eine Quark-Speise.
C	Wasser löst.	______	3	Man weicht Linsen vor dem Kochen ein.
D	Wasser lässt Lebensmittel quellen.	______	4	Man wässert Radicchio, um Bitter-Stoffe zu entfernen.

Verdauung

Fachbuch: Seite(n) ______

1 **Beschriften Sie die Abbildung.**

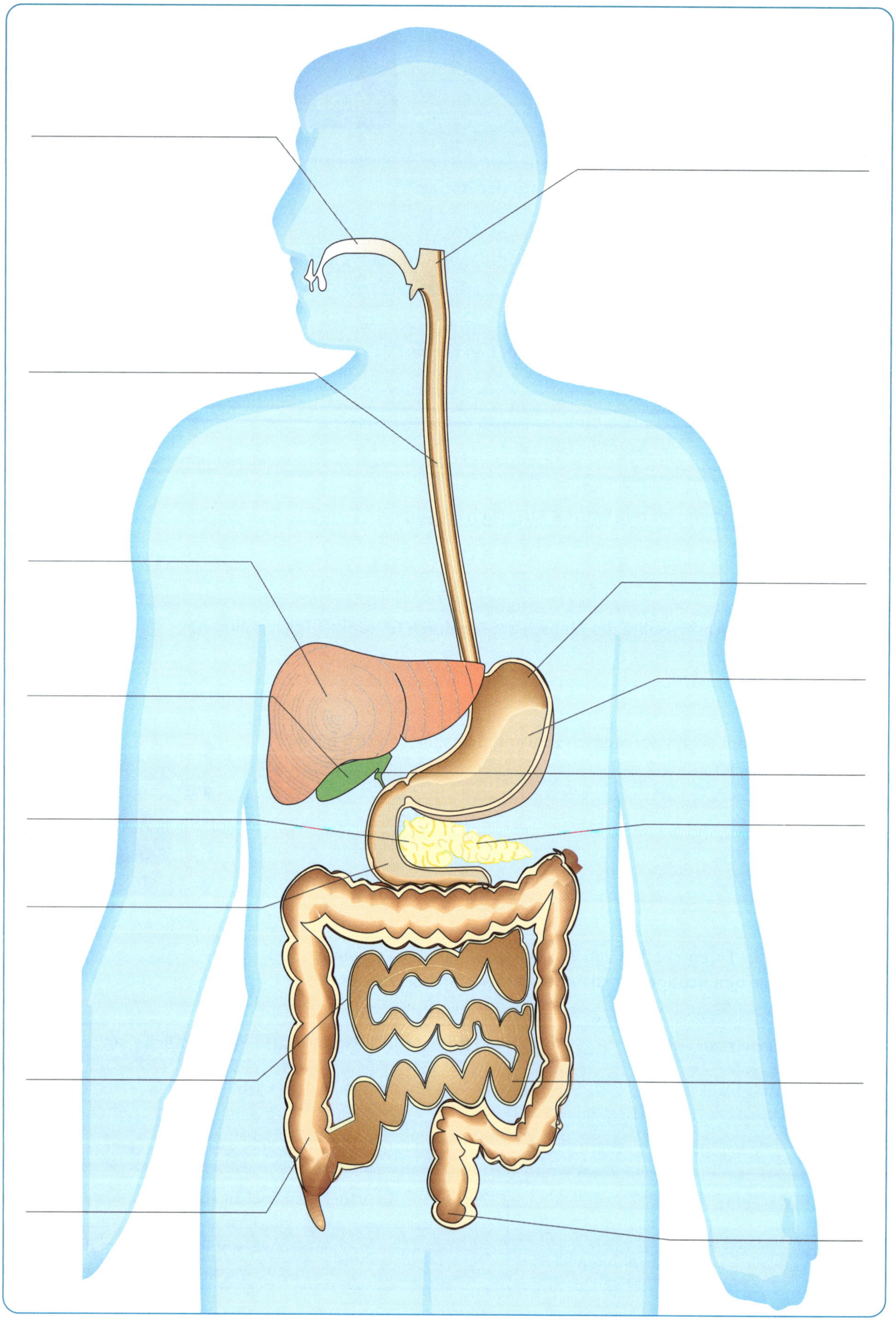

Name: ______ Klasse: ______ Datum: ______

Datum: ______ Klasse: ______ Name: ______

Verdauung

Fachbuch: Seite(n) ______

2 Schreiben Sie den richtigen Nährstoff unter die Sätze.

a) Enzyme im Mund-Speichel teilen die Stärke.

______

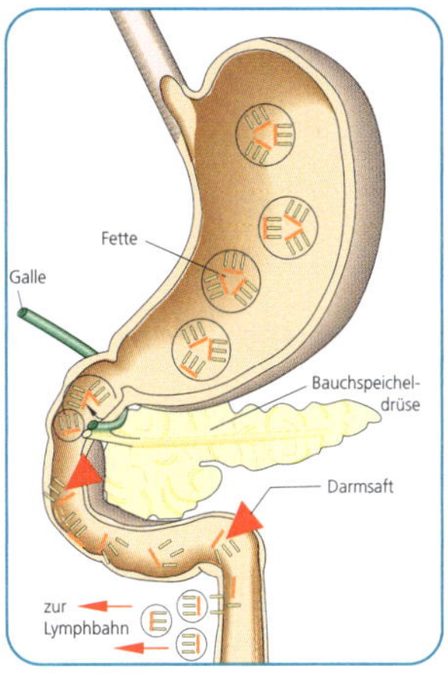

b) Das Blut transportiert die Amino-Säuren zuerst zur Leber.

______

c) Kurze Fett-Säuren und Glyzerin gelangen durch die Dünndarm-Wand in das Blut.

______

d) Von der Lymph-Bahn kommt dieser Nährstoff in den Blut-Kreislauf.

______

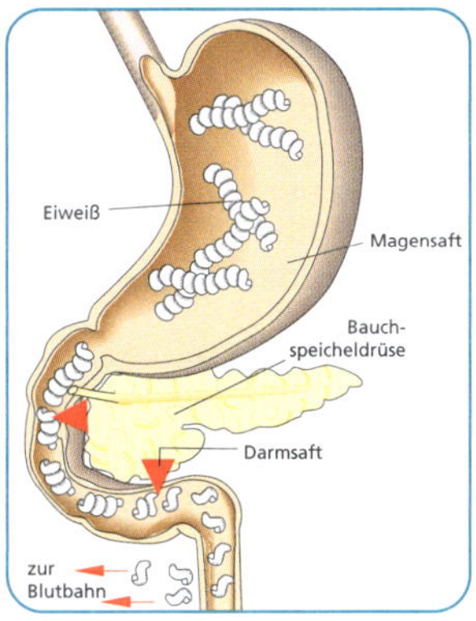

e) Die Einfach-Zucker gelangen im Dünndarm in das Blut.

______

f) Diese Nährstoffe quellen im Magen. Dort gerinnen diese Nährstoffe.

______

g) Die Leber speichert einen Teil des zerlegten Nährstoffes als Glykogen.

______

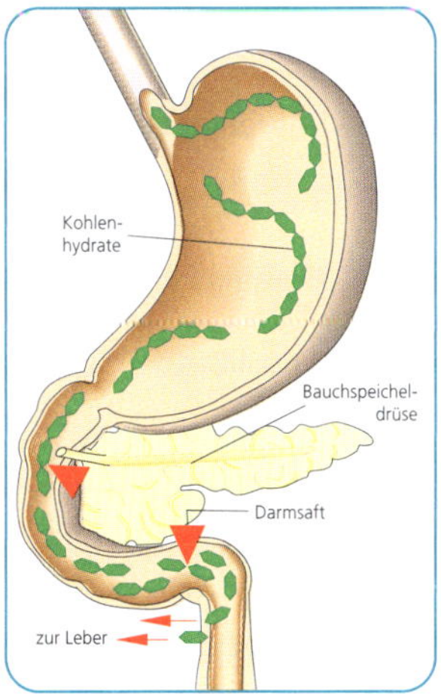

h) In den Körper-Zellen wird aus diesem Nährstoff Energie gewonnen. Der Nährstoff wird als Reserve gespeichert.

______

i) In den Körper-Zellen wird aus den zerlegten Nährstoffen Energie gewonnen.

______

j) Enzyme im Bauchspeichel zerlegen die Nährstoff-Ketten in Amino-Säuren.

______

k) Der Nährstoff dient dem menschlichen Körper als Baustoff.

______

Test

Fachbuch: Seite(n) ________

1 Welche 6 Nährstoffe gibt es?

- Ballast-Stoffe
- Wasser
- Fette
- Kohlenhydrate
- Protonen
- Vitamine
- Milch-Säuren
- Mineralstoffe
- Proteine

2 Was ist die Fotosynthese? (1 Kreuz)

- Aus Glyzerin und Fett-Säuren entsteht Fett.
- Der Körper scheidet Fremd-Stoffe aus.
- Aus vielen Doppel-Zuckern bildet sich Stärke.
- Aus Glyzerin und Amino-Säuren entstehen Eiweiß-Stoffe.
- Aus Kohlen-Dioxid und Wasser entsteht Einfach-Zucker.

3 Zucker wirkt hygroskopisch. Was heißt das? (1 Kreuz)

- Zucker löst sich in Wasser.
- Zucker zieht Feuchtigkeit aus der Luft an.
- Zucker bleibt auch in feuchter Luft trocken.
- Zucker kann man streuen.
- Zucker wirkt konservierend.

4 Fette können eine Emulsion bilden. Was heißt das? (1 Kreuz)

- Fette schwimmen im Wasser oben.
- Fette lösen sich in Essig.
- Fette lösen sich nicht in Wasser.
- Fette werden bei kalten Temperaturen fest.
- Fette können sich dauerhaft mit einer anderen Flüssigkeit vermischen.

5 In welchen 4 Lebensmitteln kommen viele Ballast-Stoffe vor?

- Reis
- Fisch-Filet
- Joghurt
- Äpfel
- Schlacht-Fleisch
- Müsli
- Hülsen-Früchte
- Möhren
- Schokolade

6 Welche Bedeutung haben Ballast-Stoffe für den menschlichen Körper? (1 Kreuz)

- Ballast-Stoffe verhindern Herz-Infarkt.
- Ballast-Stoffe sind leicht verdaulich und gut verträglich.
- Ballast-Stoffe schützen vor Erkältungen.
- Ballast-Stoffe sind gut für die Verdauung. Ballast-Stoffe verringern das Risiko von Dickdarm-Krebs.
- Ballast-Stoffe beugen Übergewicht vor.

7 In welchen Lebensmitteln sind <u>keine</u> Ballast-Stoffe? (2 Kreuze)

- Müsli, Vollkorn-Brot, Vollkorn-Nudeln
- Eier, Joghurt, Milch
- Bohnen, Linsen, Erbsen
- Fisch, Schlacht-Fleisch, Geflügel-Fleisch
- Brokkoli, Tomaten, Weißkohl
- Äpfel, Birnen, Weintrauben

Name: ________ Klasse: ________ Datum: ________

Vollwertige Ernährung

Fachbuch: Seite(n) ______

1 Nennen Sie die Ziele einer vollwertigen Ernährung.

______

______

______

______

______

2 Ergänzen Sie die Lücken-Texte.
Schreiben Sie die Nummer und den Namen der Regel auf die erste Linie.

Regel Nr. ______ ______

Man sollte ______-Brot, ______-Mehl, ______-Nudeln und ______-Reis essen. Lebensmittel aus ______ machen ______ satt. Sie enthalten viele ______ und viele ______.

Regel Nr. ______ ______

Bewegung ______ die Gesundheit und hilft, das ______ zu regulieren. Man sollte körperlich ______ sein und sich ______ ernähren.

Regel Nr. ______ ______

Man sollte auf ______ Fette achten. Versteckte Fette sind z. B. in ______-Food, in Fertig-Produkten, in Gebäck, in Süßigkeiten und in ______-Waren. Man sollte ______ Öle verwenden, z. B. ______ und Sonnenblumenöl.

Regel Nr. ______ ______

Man sollte ______ essen. Es ist gut, möglichst ______ ______ auszuwählen. Man sollte vor allem ______ Lebensmittel zu sich nehmen.

Regel Nr. ______ ______

Man sollte sich beim Essen ______. Dann ______ man das Essen. Man ist außerdem ______ satt und bleibt länger ______.

Datum: ______ Klasse: ______ Name: ______

Regel Nr. ______ ______________________________

Man sollte jeden Tag mindestens 3 Portionen ______________ und 2 Portionen ______________ essen. Man bekommt mit ______________ und ______________ viele ______________, viele sekundäre ______________ und viele ______________.

Regel Nr. ______ ______________________________

Man ______________ Lebensmittel so lange ______________ und so kurz ______________. ______________ Garverfahren sind ______________ und ______________.

Regel Nr. ______ ______________________________

Man sollte wenig Salz verwenden. Man kann mit ______________ würzen. Man sollte möglichst ______________ verwenden.

Regel Nr. ______ ______________________________

Man sollte ______________ Milch und Milch-Produkte verzehren, einmal in der Woche ______________ essen und in einer Woche ______________ Fleisch zu sich nehmen.

Regel Nr. ______ ______________________________

Man sollte am Tag ungefähr ______________ trinken. Man trinkt möglichst ______________ oder andere ______________ Getränke.

3 Die Ernährungs-Pyramide gibt Hinweise für den Verzehr von Lebensmitteln.

a) Welche Lebensmittel soll man wenig verzehren?

____

____

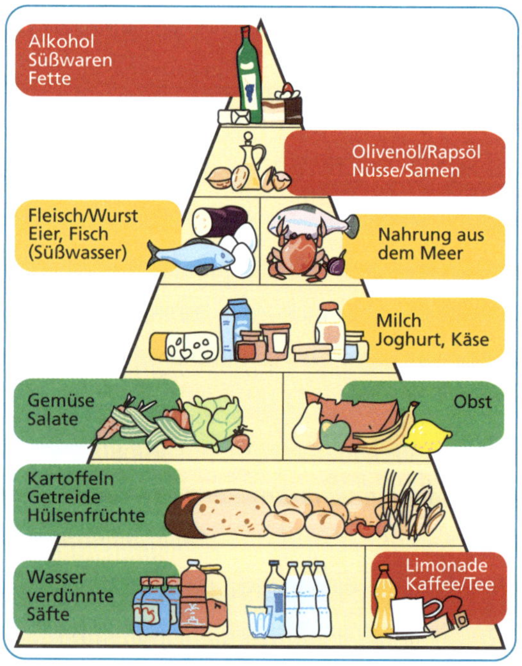

b) Welche Lebensmittel soll man nicht so oft verzehren?

____

____

c) Welche Lebensmittel soll man reichlich verzehren?

____

____

____

Datum: ______
Klasse: ______
Name: ______

Thema Arbeitsmittel

Fachbuch: Seite(n) ______

Tragen Sie die Arbeitsmittel ein. Manchmal ist der Gebrauch beschrieben. Manchmal sind sie abgebildet.

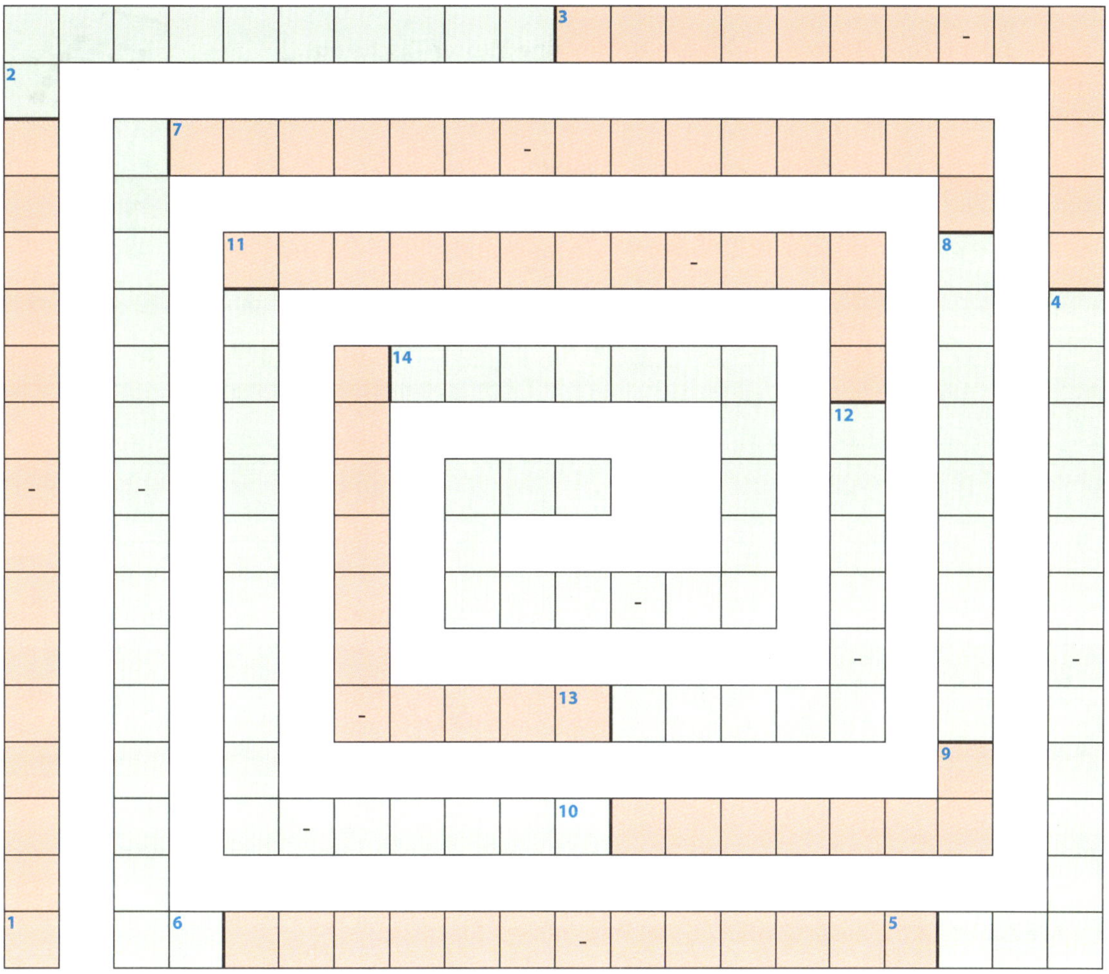

1	Kartoffeln, Gemüse und Obst formen	8	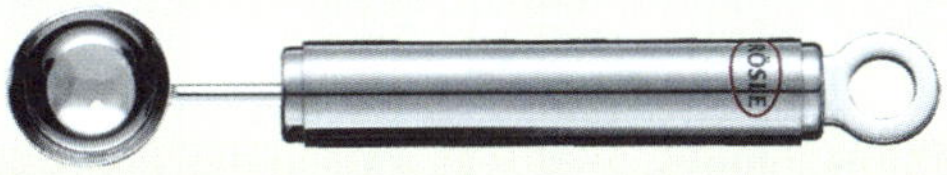
2		9	Knochen durchschlagen
3	Knochen aus Fleisch-Stücken lösen	10	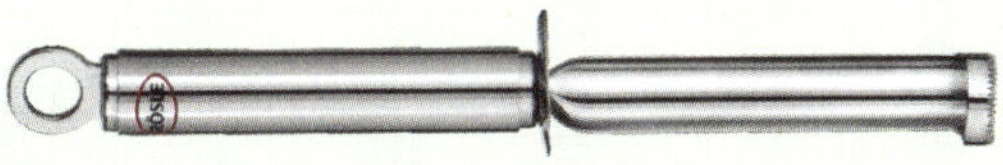
4		11	Schnitzel-Fleisch plattieren
5	Gemüse, Obst, Pilze und Salate schneiden	12	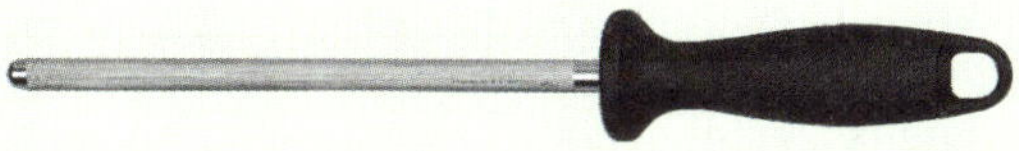
6	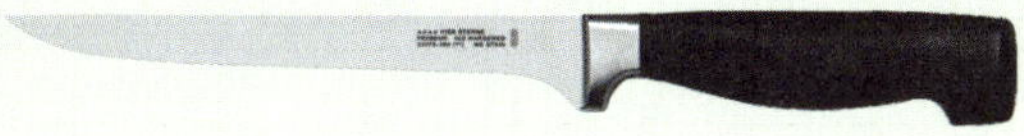	13	z. B. Camembert schneiden
7	Festgelegte Menge Sauce auftragen	14	

PROJEKT: Messer-Tasche

Fachbuch: Seite(n) ______

Sie haben Ihre Ausbildung als Fachpraktiker Küche begonnen. Nun möchten Sie sich eigene Messer kaufen.
Die Firma knife&kitchen bietet eine Messer-Serie für Berufs-Anfänger an.

1 Wählen Sie sich aus der rechten Tabelle 8 Arbeitsmittel für eine Messer-Tasche aus.

a) Schreiben Sie in die Tabelle den Namen des Arbeitsmittels, die Bestell-Nummer und den Preis.

Arbeitsmittel	Bestell-Nummer	Preis

b) Sie haben Ihre Arbeitsmittel ausgewählt. Wie viel Euro müssen Sie bezahlen?

Datum: ______ Klasse: ______ Name: ______

PROJEKT: Messer-Tasche

Fachbuch: Seite(n) ________

Arbeitsmittel	Bestell-Nummer	Preis	Arbeitsmittel	Bestell-Nummer	Preis
Schäl-Messer	4047-9	44,30 €	Lachs-Messer	7073-5	103,75 €
Palette	6473-6	38,05 €	Brot-Messer	6273-4	91,85 €
Spick-Messer	4074-8	53,55 €	Tournier-Messer	4046-3	49,35 €
Ausbein-Messer	4073-2	73,25 €	Plattier-Eisen	8834-2	123,95 €
Fleisch-Gabel	5384-7	76,45 €	Gemüse-Messer	4042-8	47,90 €
Tomaten-Messer	4183-5	62,80 €	Wetz-Stahl	9273-1	77,50 €
Kochmesser; Klinge 26 cm	4040-2	125,85 €	Filetier-Messer	7074-3	70,05 €
Käse-Messer	6392-6	53,45 €	Spar-Schäler	2029-3	14,40 €
Buntschneide-Messer	4093-6	74,80 €	Santoku-Messer Klinge 18 cm	4097-7	99,95 €

2 **Sie kaufen die folgenden Arbeitsmittel.**
Füllen Sie die Tabelle aus.

Messer-Name	Bestell-Nummer	Preis
 ________	________	________
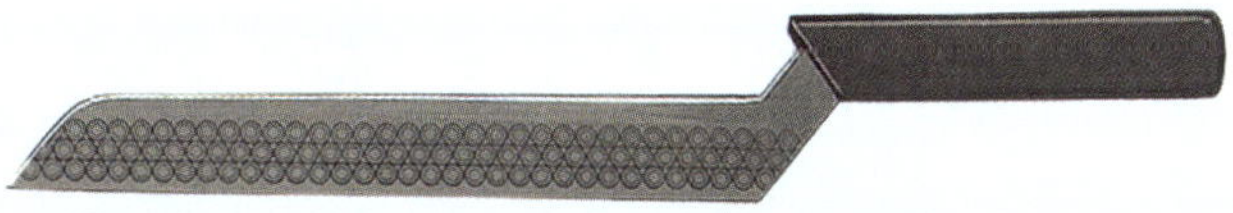 ________	________	________
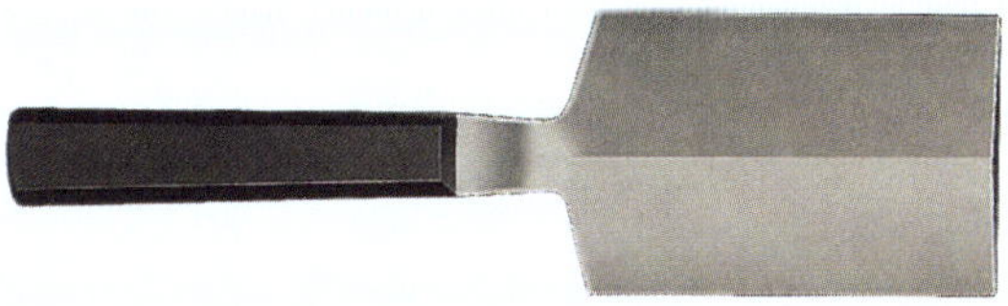 ________	________	________
Gesamtpreis	________	________

PROJEKT: Gastro-Norm-System

Fachbuch: Seite(n) ________

1 Schneiden Sie die Gastro-Norm-Behälter aus dem Beiblatt aus.

2 Legen Sie die Formen passend in den Rahmen. Kleben Sie die Gastro-Norm-Formen auf.

Datum: ________ Klasse: ________

Name: ________

Maschinen und Geräte

Fachbuch: Seite(n) ______

Bearbeiten Sie das Rätsel.

1. Mit welchem Gerät bereitet man zu?	2. Mit welchem Gerät bereitet man zu?	3. Welches Gerät ist das?	4. In welchem Gerät wird gearbeitet?

5. Mit welchem Gerät wird püriert?	6. Mit diesem Gerät verkürzt sich die Garzeit.	7. Mit welchem Gerät gart man viele davon?	8. Mit diesem Gerät erwärmt man Speisen.

9. Mit welchem Gerät gart man diese Speise?	10. Mit welchem Gerät überbackt man?	11. Wie nennt man den Heißluft-Dämpfer auch?	**Lösungswort** Zerkleinerungs-Maschine

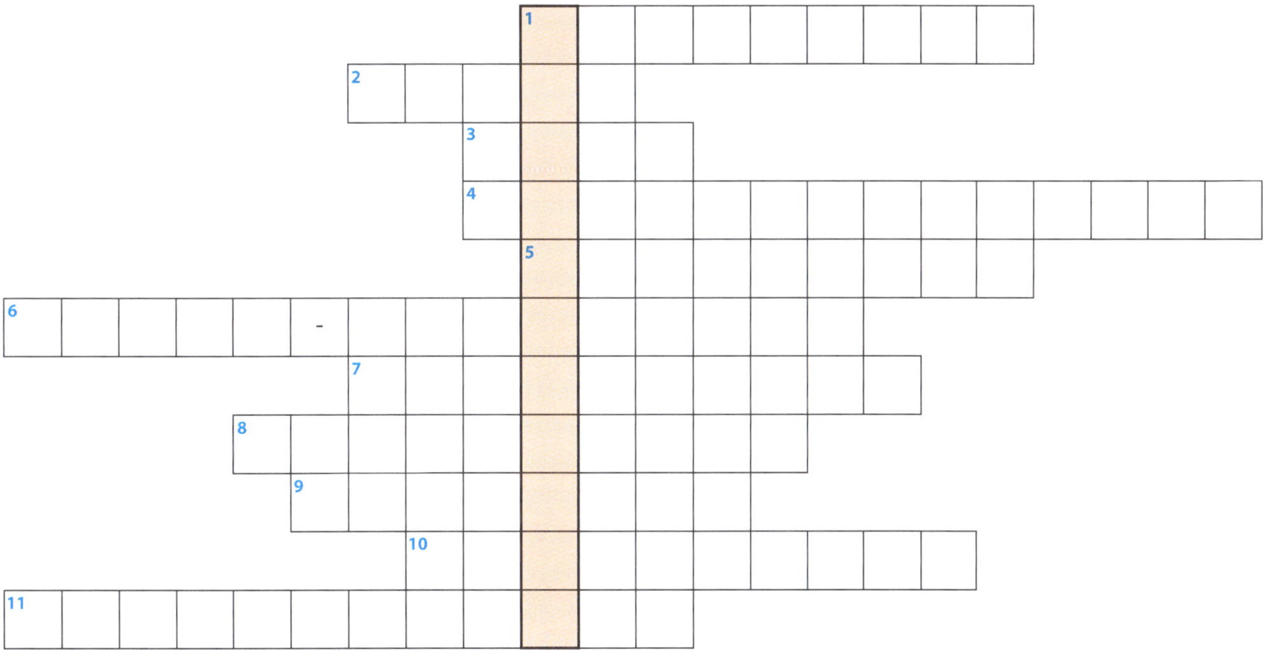

Datum: ______

Klasse: ______

Name: ______

Umgang mit Geräten und Maschinen

Fachbuch: Seite(n) ______

1 Ordnen Sie die Begründungen den Hinweisen zu.

Hitzebeständiges Fett verdirbt nicht so schnell.

Frisches Fett verdirbt schneller durch verbrauchtes Fett.

Bei höheren Temperaturen entsteht das krebserregende Acryl-Amid.

Frittier-Rückstände verbrennen nicht. Das Fett kann länger verwendet werden.

Festes Fett wird an zu heißen Heiz-Schlangen geschädigt.

Hinweise	Begründung
Man entfernt Frittier-Rückstände möglichst jeden Tag.	
Man wechselt verbrauchtes Fett vollständig aus. Man mischt verbrauchtes Fett nicht mit frischem Fett.	
Man erhitzt erkaltetes Fett in der Fritteuse erst mit etwa 70 °C.	
Man darf Frittier-Fett nicht höher als 175 °C erhitzen.	
Man verwendet hitzebeständiges Fett, z. B. Frittier-Fett.	

Name: ______ Klasse: ______ Datum: ______

Datum:

Klasse:

Name:

2 **Wie lassen sich Unfälle im Umgang mit der Fritteuse vermeiden?**

a) Warum darf man brennendes Fett NIEMALS mit Wasser löschen?

b) Wie löscht man einen großen Fett-Brand?

3 **Beantworten Sie die Fragen.**

a) Warum gibt man das Fleisch gleichmäßig und locker in die Einfüll-Öffnung?

b) Warum darf der Fleischwolf nicht ungefüllt laufen?

c) Warum wird Schneid-Gut im Fleischwolf grau und fettig-schmierig?

4 **Wie lassen sich Unfälle im Umgang mit dem Fleischwolf vermeiden?**
Ordnen Sie die Wörter zu 2 Sätzen.

Stopfen | verwendet | Schneid-Guts | erreichen | darf | Hand | Herunterdrücken | die | nicht | Man | einen | zum | mit | können | des | Man | Transport-Schnecke | der

5 **Kreuzen Sie die richtige Lösung an.**

a) Warum muss das Schneid-Gut gut gekühlt sein?

- ☐ Die Eiweiß-Stoffe im Schneid-Gut gerinnen, weil die drehenden Messer keine Reibungs-Wärme erzeugen.
- ☐ Die Eiweiß-Stoffe im Schneid-Gut gerinnen, weil die stehenden Messer Reibungs-Wärme erzeugen.
- ☐ Die Eiweiß-Stoffe im Schneid-Gut gerinnen, weil die drehenden Messer Reibungs-Wärme erzeugen.

b) Warum muss man die Halte-Schraube der Messer fest anziehen?

- ☐ Die Halte-Schraube kann sich sonst lösen, weil sich die Messer 300-mal in der Minute drehen.
- ☐ Die Halte-Schraube kann sich sonst lösen, weil sich die Messer 3000-mal in der Minute drehen.
- ☐ Die Halte-Schraube kann sich sonst lösen, weil sich die Messer 30000-mal in der Minute drehen.

c) Worauf muss man beim Abstand zwischen den Messern und der Schüssel achten?

- ☐ Der Abstand darf nicht passend sein. Sonst wird das Schneid-Gut nicht richtig zerkleinert.
- ☐ Der Abstand darf nicht zu klein sein. Sonst wird das Schneid-Gut grob zerkleinert.
- ☐ Der Abstand darf nicht zu groß sein. Sonst wird das Schneid-Gut nicht richtig zerkleinert.

6 Wie lassen sich Unfälle im Umgang mit dem Kutter vermeiden?
Ergänzen Sie den Lücken-Text.

verletzen | Messer | nicht geöffnet | drehenden | Deckel | Deckel | Deckel | Sperr-Schaltung | drehen

Der ________________ kann ______________________ werden, wenn sich die Messer noch

________________. Der Kutter hat eine ________________________ für den ________________.

Die ________________ des Kutters sind durch einen ________________ abgedeckt. So kann man sich an den

______________________ Messern nicht ____________________.

7 Welchen Fehler haben Sie gemacht?

a) Das Lebensmittel ist nicht gleichmäßig zerkleinert.

____

____

____

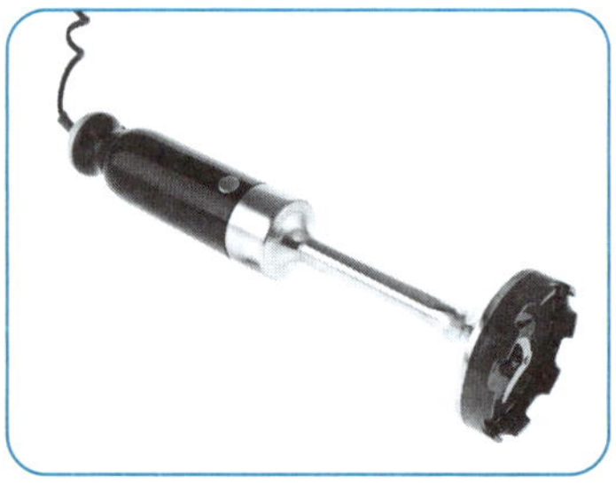

b) Das zerkleinerte Lebensmittel spritzt aus dem Gefäß.

____

____

____

8 Wie lassen sich Unfälle mit dem Stab-Mixer vermeiden?

a) Was muss man machen, bevor man den Stab-Mixer reinigt?

____

b) Was muss man bei der Benutzung eines großen Stab-Mixers beachten?

____

____

Datum: ____ Klasse: ____ Name: ____

PROJEKT: Rezepte umrechnen

Fachbuch: Seite(n) ______

1 **Berechnen Sie die Herstell-Menge der einzelnen Zutaten.**

Geflügel-Cocktail für 10 Personen			für 85 Personen	für 135 Personen	für 390 Personen
500	g	gekochte Hühner-Brust	______ kg	______ kg	______ kg
200	g	Champignons	______ kg	______ kg	______ kg
200	g	rote Paprika-Streifen	______ kg	______ kg	______ kg
5	ml	Zitronen-Saft	______ ml	______ ml	______ ml
200	g	Mayonnaise	______ kg	______ kg	______ kg
100	ml	Sahne	______ ml	______ l	______ l
		Salz, Pfeffer, Öl, Weinbrand, Chili-Sauce, Estragon			

Name: ______ Klasse: ______ Datum: ______

2 Berechnen Sie die Herstell-Menge der einzelnen Zutaten.

Rinds-Gulasch
für 8 Personen

40 g Fett
700 g Zwiebel-Würfel
1,6 kg Gulasch-Fleisch
8 g Edelsüß-Paprika, Salz
½ EL Tomaten-Mark
½ EL Gulasch-Gewürz (Knoblauch, unbehandelte Zitronen-Schale, Kümmel, gerebelter Majoran und Thymian)

Rinds-Gulasch für 8 Personen			für 50 Personen	für 95 Personen	für 220 Personen
40	g	Fett	______ g	______ g	______ kg
700	g	Zwiebel-Würfel	______ kg	______ kg	______ kg
1,6	kg	Gulasch-Fleisch	______ kg	______ kg	______ kg
8	g	Edelsüß-Paprika, Salz	______ g	______ g	______ g
½	EL	Tomaten-Mark	______ EL	______ EL	______ EL
½	EL	Gulasch-Gewürz (Knoblauch, unbehandelte Zitronen-Schale, Kümmel, gerebelter Majoran und Thymian)	______ EL	______ EL	______ EL

Datum: ______ Klasse: ______

Name: ______

3 **Berechnen Sie die Herstell-Menge der einzelnen Zutaten.**

Rote Grütze für 4 Personen			für 25 Personen	für 135 Personen	für 300 Personen
750	g	Beeren-Früchte, gemischt, z. B. Erdbeeren, Himbeeren, Johannisbeeren	______ kg	______ kg	______ kg
250	ml	Saft, rot, z. B. Kirsch-Saft	______ l	______ l	______ l
200	g	Zucker	______ kg	______ kg	______ kg
50	g	Speise-Stärke	______ g	______ kg	______ kg
1		unbehandelte Zitrone	______ Stück	______ Stück	______ Stück

Datum: ______

Klasse: ______

Name: ______

Kennzeichnung von Lebensmitteln

Fachbuch: Seite(n) ________

Die Lebensmittel-Informations-Verordnung regelt, wie Lebensmittel gekennzeichnet werden müssen. Das Etikett informiert den Käufer darüber, was er kauft.

1 Beschriften Sie die abgebildeten Verpackungen.

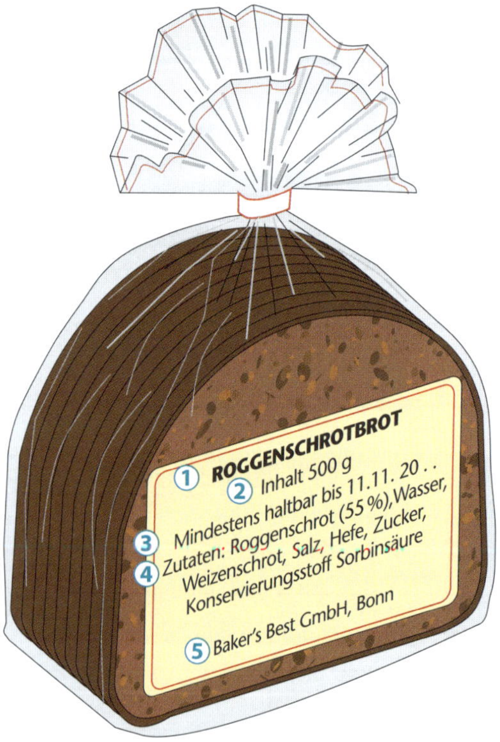

① ____________________

② ____________________

③ ____________________

④ ____________________

⑤ ____________________

2 **Ergänzen Sie den Lücken-Text.**

Die ______________________ gibt an:

- die ______________________
- das ______________________ in ml, in cl oder in l
- das ______________________ in g oder in kg

Bei Lebensmitteln in einer Aufguss-Flüssigkeit stehen auf der Verpackung die

______________________ und das ______________________.

Bei ______________________ Produkten steht, wie viel Liter oder Milliliter man

______________________ erhält.

3 **Beantworten Sie die Fragen.**

a) **Warum steht die Angabe über den Hersteller auf der Verpackung?**

____

____

____

b) **Welche Angaben über den Hersteller müssen auf der Verpackung stehen?**

____

4 **Bilden Sie sinnvolle Sätze.**

a) **bis | Das | mit | verbrauchen | wird | Verbrauchs-Datum | angegeben. | „zu | …“**

____

____

b) **bis | „mindestens | …“ | Das | wird | haltbar | angegeben. | Mindesthaltbarkeits-Datum | mit | (MHD)**

____

____

Ungeöffnet bei unter +2° C zu verbrauchen bis: **20.09.20..**

5 **Suchen Sie in dem Buchstaben-Salat die 7 Pflicht-Angaben.**

Y	Y	G	R	T	E	Y	N	T	A	Y	G	C	C	X	D	J	O	W	S
G	L	H	T	J	Ä	Q	N	O	R	A	Ö	V	Ä	X	X	Ä	Ö	L	A
R	K	E	Ö	Z	Q	D	Y	T	L	Z	J	V	R	T	F	M	N	E	L
Y	F	Y	T	L	A	H	E	G	-	E	I	G	R	E	N	E	Ä	L	Z
O	K	L	G	A	S	Ä							Ö	Z	D	I	K	F	T
F	Z	B	S	E	M	T							T	E	U	D	Ä	H	C
V	D	F	P	N	Q	F							V	K	Ö	C	X	R	C
D	Ö	Z	U	H	Ä	L							K	E	X	I	K	G	Ä
G	E	S	Ä	T	T	I	G	T	E	F	E	T	T	S	Ä	U	R	E	N
H	T	Q	H	H	E	I	W	E	I	S	S	S	E	V	F	Z	R	U	R
X	V	B	R	L	P	M	Q	A	Z	B	T	M	Ü	Ö	Ä	·Q	V	U	N
Y	Z	M	O	E	T	A	R	D	Y	H	N	E	L	H	O	K	J	L	Ö

6 **Beantworten Sie die Fragen.**

a) **Wie nennt man die Auflistung der Zutaten?**

____

b) **In welcher Reihenfolge stehen die Zutaten?**

____

ZUTATEN: Vollkorn-**Hafer**flocken (38 %), Vollkorn-**Weizen**flocken (23 %), Zucker, **Weizen**mehl, pflanzliches Öl (ungehärtet), Glukose-Fruktose-Sirup, Traubenzucker, **Hafer**-Vollkornmehl (3 %), Mager**milch**joghurtpulver, gefriergetrocknete Himbeeren, Himbeersaftkonzentrat, Fruktose, Invertzuckersirup, **Gerste**nmalzextrakt, Glukosesirup, modifizierte Stärke, Speisesalz, Aroma

c) **Welches sind die 14 Haupt-Allergene? Beschriften Sie die Symbole.**

	____________________		____________________
	____________________		____________________
	____________________		____________________
	____________________		____________________
	____________________		____________________
	____________________		____________________
	____________________		____________________

Fachbegriffe

Fachbuch: Seite(n) ________

Lösen Sie das Rätsel.

1. Obst und Gemüse mit einer gelochten Reibe-Fläche zerkleinern
2. Schadhafte und nicht verwertbare Teile entfernen
3. Rand-Schichten von Obst und Gemüse mit einem Messer entfernen
4. Lebensmittel mit Wasser abspülen
4. Lebensmittel mit einem Fleischwolf zerkleinern
5. Lebensmittel kurz in siedendes Wasser oder in den Dampf-Garer geben
6. Pilze und Gemüse mit einem Gemüse-Hobel in Scheiben schneiden
7. Lebensmittel für längere Zeit in ein Gefäß mit Wasser legen
8. Mit einem Messer von Wurzel-Gemüse eine dünne Schicht abkratzen
9. Schale bei gebrühten oder bei gegarten Lebensmitteln abziehen
10. Mit einer feinen, rauen Reibefläche Lebensmittel zerkleinern
11. Mit einer Mühle Lebensmittel, z. B. Getreide, zerkleinern
12. Lebensmittel mit einem Messer in Stücke teilen

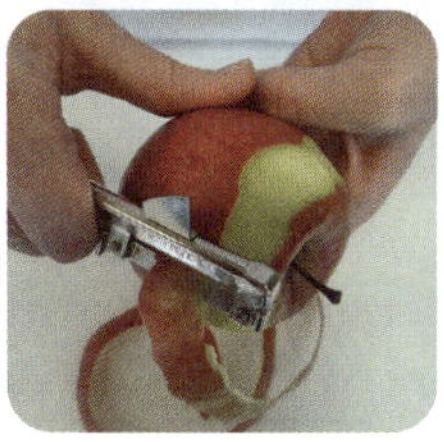

Lebensmittel haltbar machen

Fachbuch: Seite(n) ________

Welche dieser Aussagen sind richtig? Welche dieser Aussagen sind falsch?
Schreiben Sie die entsprechenden Buchstaben unten in die Lösungs-Zeile.

richtig			falsch	
5	E	Bestimmte Lebensmittel müssen reifen, damit die Qualität hochwertig ist.	W	6
6	G	Verderbliche Lebensmittel sind bei richtigen Lager-Bedingungen länger haltbar.	G	3
17	A	Hülsen-Früchte, Mehl, Zucker und Müsli verderben schnell.	N	10
1	N	Lebensmittel verderben selten durch Mikroorganismen.	K	13
13	P	Man lagert frisches Fleisch und Fleisch-Waren bei +6 °C bis +8 °C.	O	16
3	N	Man darf die Kühl-Kette nicht unterbrechen.	H	8
14	O	Fleisch und Fleisch-Waren darf man nur in Fleisch-Kühl-Räumen lagern.	A	12
10	B	Die Temperatur im Tiefkühl-Raum (Froster) muss mindestens –16 °C betragen.	E	1
16	C	Mikroorganismen vermehren sich im Tiefkühl-Raum nicht. Sie sterben ab.	A	11
8	N	Pasteurisierte Lebensmittel sind im Kühl-Raum nur begrenzt haltbar.	U	14
11	S	Sterilisierte Lebensmittel haben nur eine Haltbarkeit von mehreren Monaten.	L	4
7	L	Der a_W-Wert wird beim Trocknen erhöht, weil Mikroorganismen Wasser brauchen.	E	7
2	I	Salz senkt den a_W-Wert in Lebensmitteln.	K	5
12	L	Lebensmittel bekommen durch das Pökeln eine rötliche Farbe.	R	9
15	H	Säure, z. B. Zitronen-Säure oder Essig-Säure, senkt den pH-Wert.	S	2
4	W	Beim Vakuumieren entzieht man anaeroben Mikroorganismen den Sauerstoff.	L	17
9	I	Konservierungs-Stoffe müssen gesundheitlich unbedenklich sein.	H	15

Lösung

1	2	3	4	5	6	7	8	9	10	11	12	13	14	15	16	17

Name: ________ Klasse: ________ Datum: ________

Fachbuch: Seite(n) ________

1 **Schreiben Sie die richtige Temperatur in die Lücken. Schreiben Sie die Gar-Verfahren in das Kreuzwort-Rätsel. Das umrandete Wort ist das Lösungs-Wort.**

1. Garen durch Anbraten bei ca. ____________ °C und durch Weitergaren in Flüssigkeit bei ____________ °C
2. Garen in Wasserdampf bei ____________ °C
3. Garen in wenig Flüssigkeit unter Zugabe von wenig Fett bei ____________ °C
4. Garen in viel heißem Fett bei max. ____________ °C
5. Garen in viel Flüssigkeit unter dem Siede-Punkt bei ____________ °C
6. Garen und Bräunen in heißem Fett zwischen ____________ °C und ____________ °C
7. Garen mit Strahlungs-Wärme oder Kontakt-Wärme bei Temperaturen von ____________ °C bis ____________ °C
8. Garen in heißer Luft zwischen ____________ °C und ____________ °C
9. Garen in viel Flüssigkeit bei ____________ °C

Ä = AE
Ü = UE

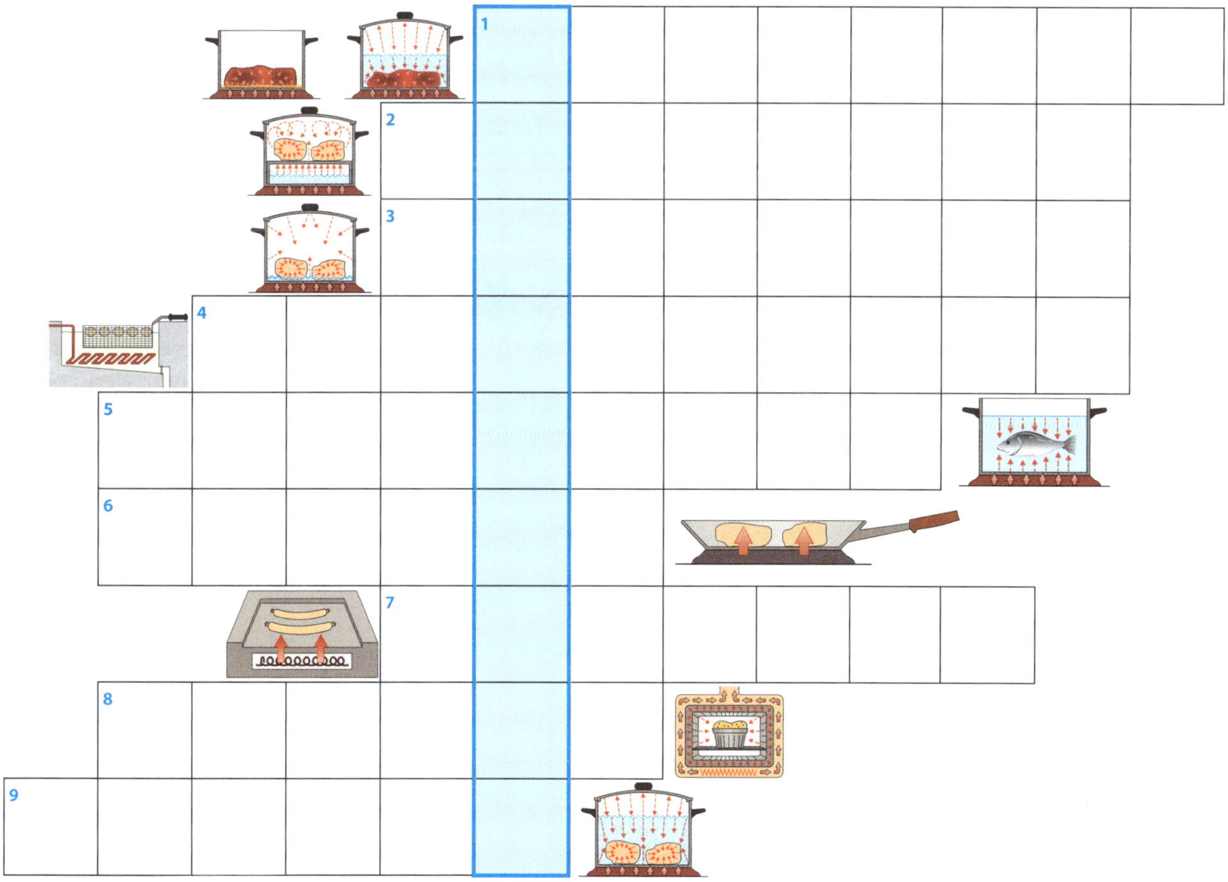

Lösungs-Wort: ________________________________

2 Ergänzen Sie die Überschrift in beiden Tabellen.

3 Was ist wichtig zu wissen? Schreiben Sie die richtigen Antworten aus den unteren Kästen hinter das entsprechende Gar-Verfahren.

Garen mit ______	
Gar-Verfahren	**Wichtig zu wissen**
Kochen	
Dünsten	
Dämpfen	
Garziehen (Pochieren)	
Druck-Garen	

Wenn die Temperatur zu hoch ist, wird das Innere des großen Gar-Guts nicht fertig gegart und es entsteht eine zu dunkle Kruste.

Das Wasser fängt an zu kochen, wenn man mit Deckel gart. Die Lebensmittel zerfallen.

Bei zu hoher Temperatur bildet sich gesundheitsgefährdendes Acryl-Amid.

Butter verbrennt bei zu hohen Temperaturen. Man kann Butter später zum Verfeinern des Geschmacks dazugeben.

Die Flüssigkeits-Menge muss passend bleiben. Bei zu wenig Flüssigkeit brennt das Lebensmittel an. Bei zu viel Flüssigkeit kocht das Lebensmittel.

Datum: ______ Klasse: ______ Name: ______

Datum: ______

Klasse: ______

Name: ______

Garen mit ______	
Gar-Verfahren	**Wichtig zu wissen**
Schmoren	
Braten in der Pfanne	
Grillen	
Frittieren	
Backen	

Man deckt das Koch-Geschirr mit einem Deckel ab. Sonst entweicht das wenige Wasser.

Es entstehen in der ersten Phase des Gar-Verfahrens typische Farb-Stoffe und Aroma-Stoffe.

Es bilden sich krebserregende Nitros-Amine, wenn man gepökeltes Fleisch verwendet.

Die Lebensmittel garen schneller. So spart man Zeit und Energie.

Man braucht mehr Energie, wenn man keinen Deckel auf das Koch-Geschirr legt.

4 Wie werden die abgebildeten Lebensmittel gegart?
Schreiben Sie mögliche Gar-Verfahren unter die Lebensmittel.

		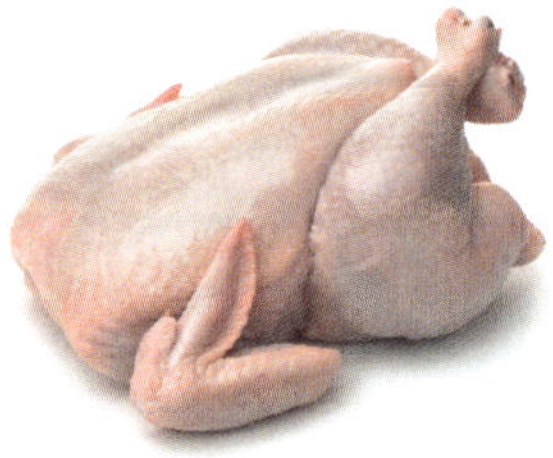	

5 Schreiben Sie zu jedem Gar-Verfahren 3 andere, geeignete Lebensmittel bzw. Speisen.

Gar-Verfahren	Lebensmittel/Speisen
Kochen	
Dämpfen	
Dünsten	
Pochieren	
Schmoren	
Braten	
Frittieren	

Datum:

Klasse:

Name:

Test

Fachbuch: Seite(n) ________

1 Warum werden Lebensmittel in viel Flüssigkeit gegart? (2 Kreuze)

- ☐ Schmutz wird beseitigt
- ☐ Stärke-Körner können quellen
- ☐ Bindegewebe wird weich
- ☐ Vitamine und Mineralstoffe bleiben erhalten
- ☐ Lebensmittel werden besonders zart

2 Bei welchen Gar-Verfahren werden die Nährstoffe am meisten geschont? (2 Kreuze)

- ☐ Dünsten
- ☐ Pochieren
- ☐ Druck-Garen
- ☐ Kochen
- ☐ Schmoren
- ☐ Dämpfen

3 Mit welchem Gerät gratiniert man? (1 Kreuz)

- ☐ Heiß-Luftstrom-Gerät
- ☐ Fritteuse
- ☐ Kipp-Bratpfanne
- ☐ Mikrowelle
- ☐ Rechaud
- ☐ Salamander

4 Bei welchem Gar-Verfahren verwendet man viel Flüssigkeit? (1 Kreuz)

- ☐ Dünsten
- ☐ Frittieren
- ☐ Braten
- ☐ Dämpfen
- ☐ Pochieren
- ☐ Sautieren

**5 Champignons werden mit Ausback-Masse umhüllt und zubereitet.
Welches Gar-Gerät benutzt man?** (1 Kreuz)

- ☐ Die Kipp-Bratpfanne
- ☐ Die Fritteuse
- ☐ Den Konvektomaten
- ☐ Den Salamander
- ☐ Die Bratpfanne
- ☐ Den Dreh-Grill

6 Gemüse kann im eigenen Saft gegart werden. Wie heißt dieses Gar-Verfahren? (1 Kreuz)

- ☐ Kochen
- ☐ Braten
- ☐ Dämpfen
- ☐ Pochieren
- ☐ Dünsten
- ☐ Blanchieren

**7 Ordnen Sie die Beschreibung dem jeweiligen Gar-Verfahren zu.
Schreiben Sie die Zahl der Beschreibung auf die Linie vor dem Gar-Verfahren.**

① Gar-Gut in einen Sieb-Einsatz geben und über kochendem Wasser garen.
② Butter erhitzen, Gar-Gut zugeben und anschwitzen. Wenig Flüssigkeit zugeben und garen.
③ Gar-Gut stark anbraten. Mit Flüssigkeit aufgießen und weitergaren.
④ Gar-Gut mit Panierung umhüllen und in heißem Fett garen.

____ Schmoren ____ Frittieren ____ Dämpfen ____ Dünsten

8 Was ist <u>kein</u> Gar-Verfahren? (2 Kreuze)

- ☐ Kochen
- ☐ Parieren
- ☐ Dämpfen
- ☐ Pochieren
- ☐ Sautieren
- ☐ Glasieren

Datum: ________ Klasse: ________ Name: ________

Arbeiten mit Convenience-Produkten

Fachbuch: Seite(n) ________

Bearbeiten Sie die Aufgaben.

a) Was sind Convenience-Produkte?

____

b) Nennen Sie 3 Vorteile und 3 Nachteile von Convenience-Produkten.

Vorteile: ____

____

____

Nachteile: ____

____

____

c) Füllen Sie die Lücken aus.
Beim Arbeiten mit Convenience-Produkten ist wichtig:

- Die ____________ sind ____________ aufeinander abgestimmt und erprobt. Darum muss man die ____________.
- Die ____________ muss man genau befolgen.
- Die ____________ muss man beachten.

d) Was muss der Koch bei den Fertigungs-Stufen noch machen?

Fertigungs-Stufen	Tätigkeiten	Beispiele
Küchenfertige Produkte		
Garfertige Produkte		
Mischfertige Produkte		
Regenerierfertige Produkte		
Verzehrfertige Produkte		

Datum: ________

Klasse: ________

Name: ________

Unser Gast

Fachbuch: Seite(n) ________

Ordnen Sie das Verhalten des Gastes und das Verhalten im Service den Gäste-Typen bzw. Gäste-Gruppen zu. Schreiben Sie die richtige Zahl und den richtigen Buchstaben unter das Bild.

Verhalten des Gastes		Verhalten im Service	
1	Der Gast wartet ungern und wird ungeduldig.	A	Man weist den Gast auf günstige Speisen und Getränke hin.
2	Der Gast schaut sich fast ängstlich um.	B	Man tritt sicher auf und gibt keine Empfehlung.
3	Diese Gäste sind häufig unruhig.	C	Man bietet Hilfe an und unterstützt die Gäste.
4	Die Gäste sprechen nicht immer deutsch.	D	Man lässt dem Gast Zeit für seine Entscheidung.
5	Diese Gäste brauchen oft besondere Rahmen-Bedingungen.	E	Man braucht Einfühlungs-Vermögen und mehr Geduld.
6	Der Gast weiß, was er will.	F	Man nimmt die Unzufriedenheit nicht persönlich.
7	Der Gast hat immer Angst, dass er hintergangen wird.	G	Man geht auf diese Gäste mit einer speziellen Karte und mit speziellem Besteck ein.
8	Der Gast akzeptiert keine andere Meinung.	H	Man verhält sich diesen Gästen gegenüber taktvoll.
9	Der Gast achtet bei seiner Auswahl besonders auf einen günstigen Preis.	I	Man nimmt das Misstrauen des Gastes nicht persönlich.
10	Diese Gäste sind manchmal vergesslich.	J	Man widerspricht dem Gast nicht.

________	________	________	________	________

________	________	________	________	________

Datum: ________

Klasse: ________

Name: ________

Tischwäsche

Fachbuch: Seite(n) ________

Situation
Der Bankett-Leiter bespricht mit Ihnen am Abend den Ablauf für den nächsten Tag. Sie haben am nächsten Tag die Aufgabe, für die Veranstaltungen und das À-la-Carte-Geschäft einzudecken.
Wählen Sie die passende Tischwäsche.

1 Schreiben Sie die benötigte Tischwäsche mit der entsprechenden Anzahl in die Tabellen.

2 Schreiben Sie die Bild-Nummern in die Tabelle.

Veranstaltung
Geburtstags-Feier Familie Meier: 24 Personen

Verwendete Tische	Benötigte Tischwäsche	Bild-Nummern
Tafelform 6 Vierer-Tische als Einzel-Tische festlich eingedeckt		
Sekt-Empfang 6 Steh-Tische		
Kalt-warmes Büfett 8 Tische als 2 lange Tafeln		

Veranstaltung Tagung Firma Musterthal: 12 Personen		
Verwendete Tische	**Benötigte Tischwäsche**	**Bild-Nummern**
Frühstück 3 Vierer-Tische		
Kaffee-Pause 2 Tische 3 Steh-Tische		
Mittagessen 3 Vierer-Tische		

À-la-Carte-Geschäft		
Verwendete Tische	**Benötigte Tischwäsche**	**Bild-Nummern**
10 Vierer-Tische		

3 Warum legen Sie unter die Tischdecken Moltons?

4 Warum verwenden Sie an den Büfett-Tischen Skirtings?

5 Wie befestigen Sie die Skirtings?

Name:

Klasse:

Datum:

Besteck

Fachbuch: Seite(n) ______

Schreiben Sie die benötigten Besteck-Teile neben die Speisen.

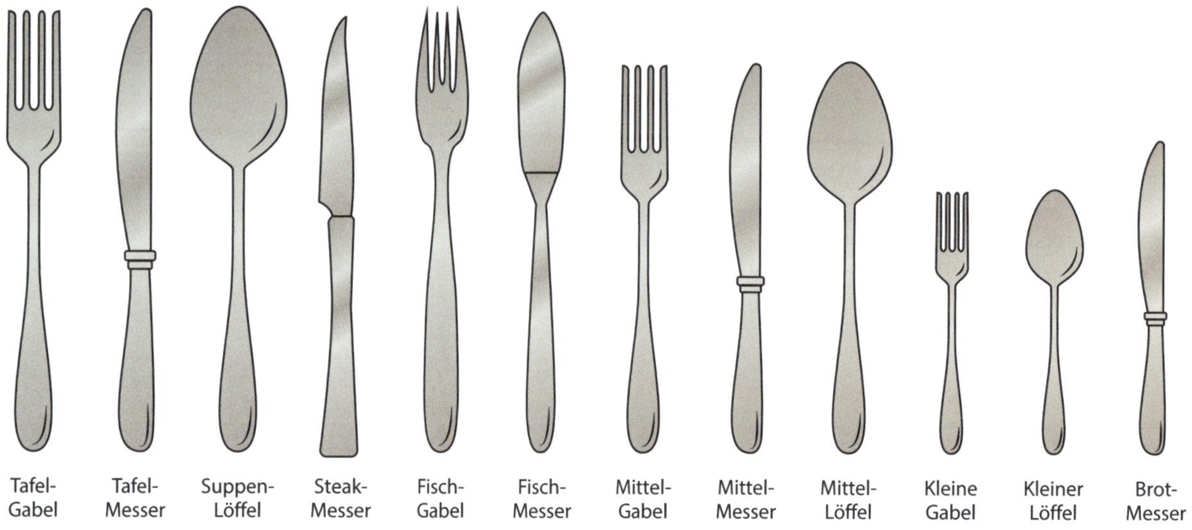

Speisen	Besteck-Teile
Geflügel-Cocktail, Toast und Butter	
Geräucherter Lachs	
Früchte-Müsli mit Obst und Milch	
Brokkoli-Crèmesuppe im Suppen-Teller angerichtet	
Rinder-Kraftbrühe in der Suppen-Tasse angerichtet	
Ragout fin in Blätter-Teig-Pastetchen	
Seezungen-Filets, Blatt-Spinat, Reis	
Gänse-Keule, Rotkohl, Kartoffel-Klöße	
Rump-Steak, Pommes frites, Salat	
Spaghetti mit Hackfleisch-Sauce	
Quark-Speise mit frischen Erdbeeren	
Mousse au chocolat mit Früchten	

Name: ______ Klasse: ______ Datum: ______

Gläser

Fachbuch: Seite(n) ________

1 Beschriften Sie die Abbildung.

① ______________________________

② ______________________________

③ ______________________________

2 a) Schreiben Sie die Namen der Gläser über die Bilder.

b) Schreiben Sie die Füll-Mengen neben die Bilder.

c) Schreiben Sie die Getränke unter die passenden Gläser.

Remy Martin | Eier-Likör | Wodka-Lemon | Scotch | Spätburgunder-Wein | Grand Marnier | Portwein | Kirsch-Wasser | Dornfelder-Wein | Prosecco | Riesling-Wein | Sherry | Sekt | Pils | Kristall-Weizen | Metaxa | Grappa | Aquavit | Bourbon | Hefe-Weizen | Gin-Tonic | Grauburgunder-Wein | Ouzo

________		________		________	
	Füll-Menge (cl) ________ ________		Füll-Menge (l) ________		Füll-Menge (cl) ________ ________
________ ________		________ ________		________ ________	
________		________		________	
	Füll-Menge (l) ________ ________		Füll-Menge ________ ________		Füll-Menge (cl) ________ ________
________ ________		________ ________		________ ________	

______		______		______	
	Füll-Menge (cl) ______ ______		Füll-Menge (l) ______ ______		Füll-Menge (l) ______
______ ______		______ ______		______ ______	
______		______		______	
	Füll-Menge (cl) ______		Füll-Menge (cl) ______ ______		Füll-Menge (l) ______ ______
______ ______		______ ______		______ ______	

3 Schreiben Sie die Sätze richtig auf.

a) verhindern | Fett-Spuren | eine | Bier-Gläsern | Schaum-Krone | in.

______

b) und | Gast | sofort | kleine | der | Fett | sieht | Schmutz-Teilchen.

______

c) dosieren | man | richtig | Gläser-Spülmittel | muss | Das.

______

d) sofort | Gläser-Spülmaschine | aus | die | dem | nimmt | Spülen | man | Gläser | Nach | der.

______

______

e) wie | schnell | Gläser | muss | reinigen | man | Gebrauch | so | möglich | nach.

______

Name: ______ Klasse: ______ Datum: ______

Geschirr

Fachbuch: Seite(n) ________

Schreiben Sie den Namen des Geschirrs neben die Speisen.

Ø 19 cm

Ø 23 cm

Ø 15 cm

Ø 28 cm

Speisen	Geschirr
Seezungen-Röllchen, Riesling-Sauce, Reis	
Rinder-Kraftbrühe mit Gemüse-Streifen	
Sauce Hollandaise, extra gereicht (à part)	
Brokkoli-Crèmesuppe mit Croûtons	
Lachs-Terrine mit Kräuter-Schaum	
Ciabatta und Butter zur Vorspeise	
Rühreier mit Schnittlauch-Röllchen	
Spaghetti mit Gorgonzola-Sauce	
Roastbeef, Karotten, Zucker-Schoten, Kartoffel-Krapfen	
Erbsen-Eintopf mit Mett-Würstchen	
Filet-Steak, Mandel-Brokkoli, Herzogin-Kartoffeln	

Datum: ________

Klasse: ________

Name: ________

Tisch eindecken

Fachbuch: Seite(n) ________

1 Streichen Sie das Falsche in den Sätzen durch.

Das Tafel-Messer liegt **rechts / links** neben der Serviette. Die Tafel-Gabel liegt **rechts / links** neben der Serviette.	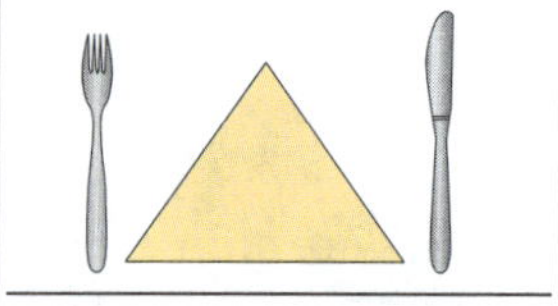
Man verwendet Kork-Scheiben, damit der Tisch nicht **wackelt / kippt**. Man nimmt keine Bier-Deckel, weil sie **gut / nicht gut** aussehen.	
Das Richt-Glas setzt man **ca. 5 cm / ca. 1 cm** über **dem Tafel-Messer / der Tafel-Gabel** ein. Man poliert das Richt-Glas **nicht / sorgfältig**.	
Die Tischdecke **rutscht / rutscht nicht** hin und her. Der Molton liegt **ohne Falten / mit Falten** unter der Tischdecke.	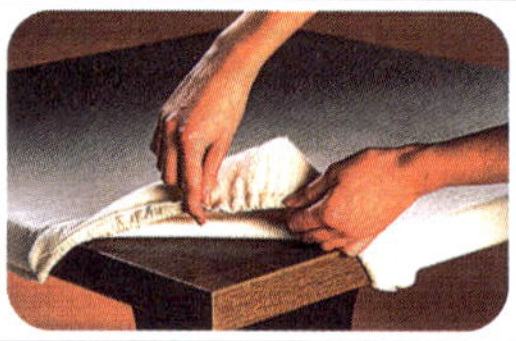
Das Glas zur Vorspeise setzt man rechts **unterhalb / oberhalb** des Richt-Glases ein. Das Glas zum Dessert setzt man links **unterhalb / oberhalb** des Richt-Glases ein.	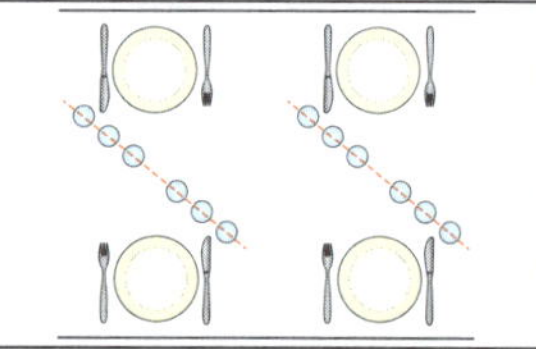
Die Stühle stehen sich **nicht gegenüber / genau gegenüber**. Die Stühle stehen **vor der Tischdecke / unter dem Tisch**.	
Es liegen höchstens 3 Besteck-Teile **rechts / links** und 4 Besteck-Teile **rechts /links**. Man deckt die Besteck-Teile von **außen nach innen** / **innen nach außen** ein.	

2 Schreiben Sie die Arbeitsschritte in der richtigen Reihenfolge auf.

Die weiteren Besteck-Teile deckt man ein.
Nach dem Richt-Glas setzt man weitere Gläser ein.
Damit man gut um den Tisch gehen kann, dreht man die Stühle auf dem rechten hinteren Stuhlbein nach links ab.
Den Brot-Teller stellt man links neben die Gabeln. Das Brot-Messer legt man auf den Brot-Teller.
Blumen, Kerze, Salz-Streuer und Pfeffer-Streuer stellt man auf den Tisch.
Auf das Molton legt man die passende Tischdecke.
Mit einer Serviette legt man den Gedeck-Platz fest.
Zuletzt überprüft man den eingedeckten Tisch. Danach dreht man die Stühle zurück an den Tisch.
Den Tisch stellt man an den gewünschten Platz.
Man stellt die Stühle an den Tisch und richtet sie aus.
Als erste Besteck-Teile deckt man Tafel-Messer und Tafel-Gabeln ein.
Auf den Tisch legt man das schützende Molton.
Das Richt-Glas setzt man ca. 1 cm über dem Tafel-Messer ein.

Datum: ________ Klasse: ________ Name: ________

Name: Klasse: Datum:

1.

2.

3.

4.

5.

6.

7.

8.

9.

10.

11.

12.

13.

Gäste bedienen

Fachbuch: Seite(n) ________

1 Schreiben Sie die Aussagen zu den passenden Überschriften.

Das Service-Personal macht keine unnötigen Wege.	Der Gast darf nicht merken, wenn sich das Service-Personal ärgert.
Das Service-Personal geht immer rechts.	Das Service-Personal muss den Gast fachgerecht bedienen.
Das Service-Personal spricht nicht zu laut.	Das Service-Personal geht im Uhrzeiger-Sinn um den Tisch herum.

Servier-Regeln

____________________	____________________	

Sinnvolle Arbeitswege

____________________	____________________	

Rücksichtsvolles Verhalten

____________________	____________________	

2 Füllen Sie den Lücken-Text aus.

Der Gast ist mit dem Essen

____________________.

Das Service-Personal kann den Teller mit dem Besteck

____________________.

Der Gast macht beim Essen

____________________.

Das Service-Personal kann den Teller noch

____________________.

Datum: ________ Klasse: ________ Name: ________

Frühstücks-Arten

Fachbuch: Seite(n) ________

Das Frühstück ist für den Gast eine wichtige Mahlzeit. Das Frühstück beeinflusst die Stimmung und die Leistungs-Fähigkeit des Gastes für den Tag. Darum ist es wichtig, dass der Gast in einer angenehmen Atmosphäre frühstücken kann.

1 Wie kann eine angenehme Atmosphäre geschaffen werden?

- ____
  ____
- ____
- ____

2 Beschreiben Sie die verschiedenen Frühstücks-Arten.

Frühstücks-Art	Beschreibung
Einfaches Frühstück 	
Erweitertes Frühstück 	
Zimmer-Frühstück 	
Frühstücks-Büfett 	
Brunch 	

Datum: ________ Klasse: ________ Name: ________

Frühstücks-Platten anrichten

Fachbuch: Seite(n) ________

1 Wie schneidet man Wurst und Schinken?

Brühwurst: ____________________

Salami: ____________________

Streichwurst: ____________________

Schinken: ____________________

2 Wie schneidet man Käse?

Schnittkäse-Sorten: ____________________

Weichkäse-Sorten: ____________________

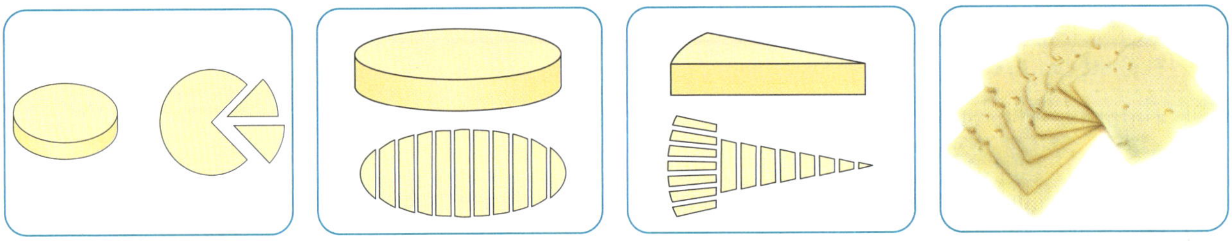

3 Nennen Sie 8 Beispiele, mit denen man Frühstücks-Platten garnieren kann.
z. B.: Tomaten-Viertel und nicht Tomate

____

____

____

____

4 Was muss man beim Anrichten von Frühstücks-Platten beachten?

- ____________________
  ____
- ____________________
  ____
- ____________________
  ____
- ____________________
  ____

Rätsel Getränke

Fachbuch: Seite(n) ________

Bearbeiten Sie das Rätsel.

1. Limonade mit Auszügen aus der koffeinhaltigen Kola-Nuss
2. Getränk aus Früchten mit einem Frucht-Gehalt von 25–50 %
3. Wasser mit Frucht-Zusätzen oder Kräuter-Zusätzen aromatisiert
4. Getränk zum Ausgleichen von Wasser-/Mineralstoff-Verlust bei sportlichen Aktivitäten
5. Getränk zum Wachhalten
6. Erfrischungs-Getränk mit einem Frucht-Gehalt von 3–15 %
7. Cremiges Getränk aus zerkleinerten Früchten
8. Erfrischungs-Getränk mit einem Frucht-Gehalt von 10–30 %
9. Getränk mit Auszügen aus dem China-Rinden-Baum
10. Getränk aus 100 % Gemüse
11. Wasser aus Trinkwasser oder aus Mineralwasser mit verschiedenen Zusätzen
12. Wasser aus unterirdischen Quellen
13. Getränk mit einem Frucht-Gehalt von 100 %
14. Erfrischungs-Getränk mit Frucht-Saft, Wasser und Kohlensäure

Datum: ________

Klasse: ________

Name: ________

Getränke aus Früchten

Fachbuch: Seite(n) ________

Bearbeiten Sie die Aufgaben.

a) Füllen Sie die Lücken-Texte aus.

b) Schreiben Sie den Namen des Getränks auf die obere Linie.

c) Zeichnen Sie den Frucht-Gehalt und den Wasser-Gehalt mit verschiedenen Farben in die Flaschen.

____

Das Getränk darf Wasser und ____________ enthalten. Es enthält keine ________________. ________________ hat einen ________________ von 25–50 %.

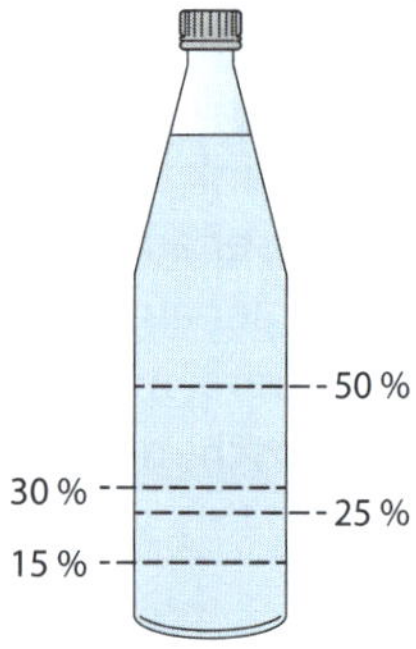

____

Das ________________ besteht aus Wasser, ________________ und/oder ________________ Aroma-Stoffen, ____________ und Zitronen-Säure. Es hat einen Frucht-Gehalt von 3–15 %. Das Getränk gibt es ________________ Kohlensäure.

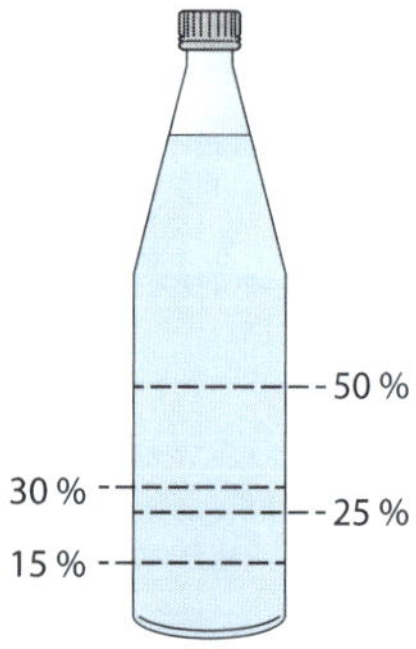

____

Das ________________ hat einen Frucht-Gehalt von 10–30 %. Neben Wasser enthält es ____________, Genuss-Säuren und natürliche ________________. Das Getränk gibt es mit oder ohne ________________.

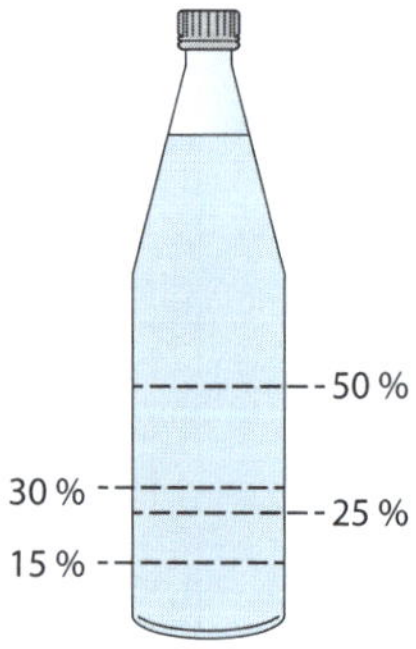

____

Das Getränk wird aus ________________ oder aus ________________ hergestellt. Es enthält keine ________________ und keine ________________. Der Frucht-Gehalt beträgt 100 %. ____________ wird nur zum Geschmacks-Ausgleich dazugegeben.

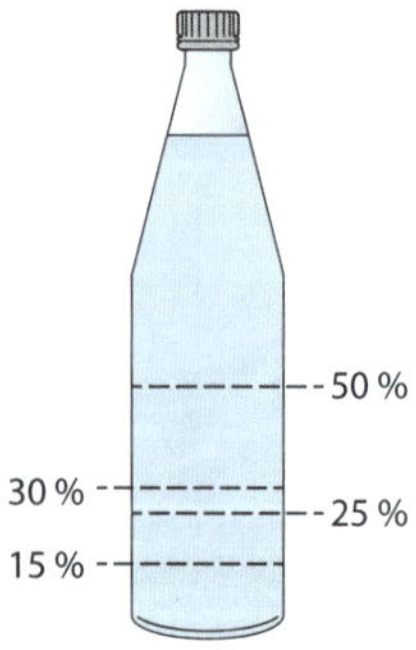

Datum: ________

Klasse: ________

Name: ________

Kaffee

Fachbuch: Seite(n) ________

1 Verbinden Sie Getränk und Grund-Stoff. Schreiben Sie den Namen des Getränks über das Bild.

________ ________ ________

2 Kreisen Sie die Buchstaben hinter den richtigen Aussagen zu den Auswirkungen von Koffein ein. Die eingekreisten Buchstaben ergeben in der richtigen Reihenfolge das Lösungs-Wort.

Auswirkungen	
Es können Magen-Beschwerden auftreten, wenn man zu viel Koffein zu sich nimmt.	S
Koffein hat nur positive Auswirkungen auf den menschlichen Körper.	L
Man kann sich durch Koffein besser konzentrieren.	R
Manche Menschen werden durch zu viel Koffein nervös.	O
Durch Koffein wird die Harn-Bildung angeregt und man muss häufiger zur Toilette.	S
Koffein kann Ersatz für Vitamine sein.	G
Müdigkeit, Erschöpfung, Übelkeit und Kopfschmerzen können „Entzugs-Erscheinungen" sein.	E
Durch Koffein steigt der Blutdruck an.	P
Koffein wird auch Kaffein genannt.	A
Manche Menschen können durch zu viel Koffein schlechter schlafen.	E
Koffein kann zu Verstopfung führen.	U
Durch Koffein schwitzen manche Menschen mehr.	S

___ ___ ___ ___ ___ ___ ___ ___

Lösungswort: ________________

Datum: ________ Klasse: ________ Name: ________

3 **Wie verändert sich die Kaffee-Bohne durch das Rösten?**

____

____

____

____

____

Ergänzen Sie den Satz.

Je ______________ man die Kaffee-Bohne ______________, desto ______________ schmeckt der Kaffee.

4 **Schreiben Sie hinter die Erklärung den Namen des speziellen Kaffees.**

Erklärung	**Name**
Durch Auslaugen der Kaffee-Bohnen entsteht sehr stark konzentrierte Kaffee-Flüssigkeit. Diese Kaffee-Flüssigkeit verdünnt man mit Wasser, um trinkbaren Kaffee zu bekommen.	______________
Der Kaffee hat höchstens 0,1 % Koffein.	______________
Dieser Kaffee ist kein echter Kaffee. Man stellt ihn z. B. aus Getreide her.	______________
Dieser Kaffee hat weniger Gerb-Stoffe. Personen, die einen empfindlichen Magen haben, vertragen diesen Kaffee besser.	______________
Dieses Pulver löst sich leicht in Wasser. Man nennt diesen Kaffee auch „löslichen" Kaffee oder Instant-Kaffee.	______________

5 **Bringen Sie die Wörter in die richtige Reihenfolge.**

a) **betragen | Brüh-Temperatur | Die | 95–98°C | sollte | .**

____

b) **Kaffee-Pulver | Kaffee-Bohnen | Qualität | das | müssen | Die | gute | und | haben | eine | .**

____

____

c) **Körnung | Kaffee-Maschine | Kaffee-Pulver | muss | auf | in | die | abgestimmt | Das | sein | seiner | .**

____

____

Datum: ______ Klasse: ______ Name: ______

6 **Schreiben Sie den Buchstaben bei den Zutaten und die dazugehörende Zahl bei der Zubereitung unter die Bilder.**

	Zutaten
A	Kaffee Sirup, z. B. Macadamia-Nuss Milch-Schaum oder Sahne
B	Espresso heiße Milch aufgeschäumte Milch
C	Espresso-Pulver Wasser
D	4 cl Irish Whiskey 2 Teelöffel brauner Zucker Kaffee leicht geschlagene Sahne
E	Kaffee heiße Milch
F	starker Kaffee aufgeschäumte Milch Kakaopulver

	Zubereitung
1	Whiskey mit Zucker erhitzen, flambieren, mit heißem Kaffee aufgießen und mit Sahne garnieren
2	Kaffee (Tasse ¾ füllen), aufgeschäumte Milch auf den Kaffee geben und mit Kakaopulver bestreuen
3	Kaffee mit Sirup aromatisieren, mit Sahne oder mit Milch-Schaum auffüllen, mit Sirup, Krokant oder Schokoladen-Splittern garnieren
4	Kaffee und heiße Milch im Verhältnis 1 : 1 gleichzeitig in eine Tasse füllen, evtl. mit Milch-Schaum servieren
5	Heißes Wasser wird mit Dampf-Druck durch Espresso-Pulver in kleine, angewärmte Spezial-Tassen gepresst; es bildet sich an der Oberfläche cremiger Schaum (Crema)
6	Heiße Milch in ein spezielles Glas geben, mit aufgeschäumter Milch auffüllen, einen Espresso vorsichtig dazugeben

Kaffee mit Sirup: ____________

Irish Coffee: ____________

Latte Macchiato: ____________

Milch-Kaffee: ____________

Cappuccino: ____________

Espresso: ____________

Tee

Fachbuch: Seite(n) ________

1 Schreiben Sie den Arbeitsschritt der Tee-Produktion neben das Bild auf die obere Linie.

Fermentieren | Rollen | Welken | Sortieren | Pflücken | Trocknen

2 Beschreiben Sie, was bei dem jeweiligen Arbeitsschritt geschieht.

Datum:

Klasse:

Name:

3 **Warum ist grüner Tee grün?**

____

____

____

4 **Füllen Sie den Lücken-Text zu den Anbau-Gebieten aus.**

① ______________________________

heißt heute Sri Lanka. Es ist eine Insel bei Indien.

______________________________ schmeckt

__________________ und

__________________.

② ______________________________

liegt im __________________ von Indien.

__________________ schmeckt

__________________ und

__________________.

③ ______________________________

liegt an den Süd-Hängen im ______________________________ (Indien).

______________________________ schmeckt __________________ und aromatisch.

5 **Streichen Sie das Falsche durch.**
Schreiben Sie den Namen der Blatt-Größe über die Erklärung.

____

sind **sehr feine / feinste Tee-Blatt-Teile / Tee-Stängel**.
Man verwendet ihn für **Tee-Beutel / Tee-Netze**.

____

sind **halbierte / ganze** Blätter.
Die Blätter werden **gehackt / nicht zerkleinert**.

____

sind **gebrochene / geschnittene** Blätter.
Der Tee laugt **langsamer / schneller** aus. Er ist ergiebiger.

____

sind **Blatt-Knospen / Blatt-Stücke**.
Sie sind **kleiner / größer** als beim Broken-Tee.

6 Lösen Sie das Rätsel.

1. Anderer Name für Rotbusch-Tee
2. Dieser Tee wird mit verschiedenen Aromen verfeinert.
3. Dieser Tee wird aus getrockneten Früchten hergestellt.
4. Für diesen Tee nimmt man Blätter und Zweig-Spitzen eines afrikanischen Strauchs (deutscher Name).
5. Tee aus den Blättern des Tee-Strauchs
6. Dieser Tee wird mit Öl aus der Bergamotte-Frucht aromatisiert.
7. Anderer Name für indischen Gewürz-Tee
8. Zu diesem teeähnlichen Erzeugnis gehören z. B. Fenchel-Tee und Pfefferminz-Tee.

Lösungs-Wort

Diese Zeit muss man beim Zubereiten von Tee beachten.

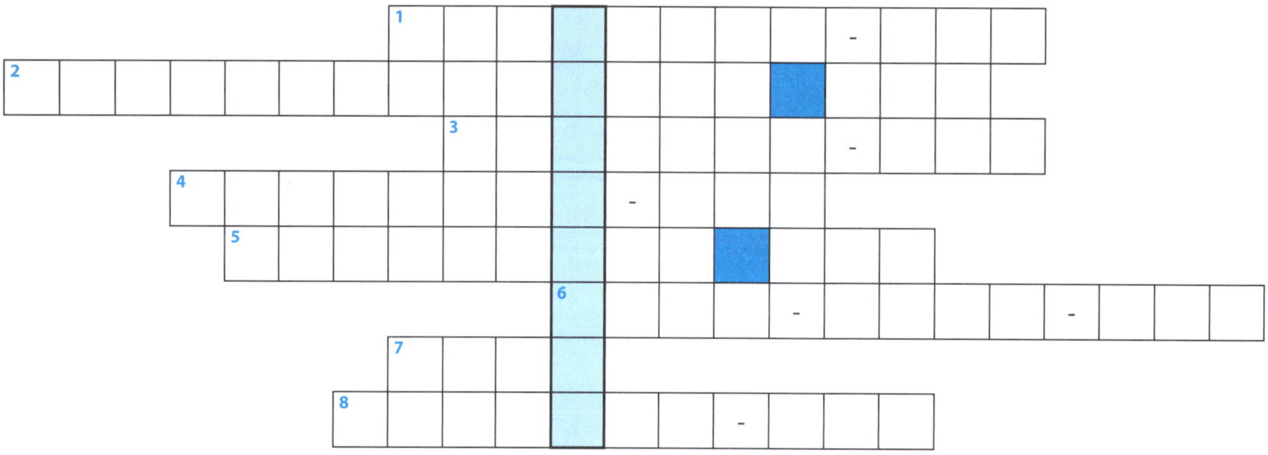

7 Füllen Sie die Abbildung aus.
Schreiben Sie die Brüh-Zeit und die Wirkung der Brüh-Zeit in die Tabelle.

Brüh-Zeit/Wirkung auf den Tee
______________________ Der Tee wirkt ______________.
______________________ Der Tee wirkt ______________.
______________________ Der Tee wird ______________.

Kakao und Schokolade

Fachbuch: Seite(n) ______

1 Beantworten Sie die Fragen.

a) Worin unterscheidet sich Kakao von Kaffee?

- ______
- ______

b) Woraus gewinnt man Kakao?

______

______

c) Wie verändern sich die Samen-Kerne bei der Fermentation?

______

______

d) Wodurch bekommen die Kakao-Bohnen ihr typisches Aroma?

______

______

2 Verbinden Sie das Kakao-Pulver mit seinen Eigenschaften und mit seiner Verwendung.

Stark entöltes Kakao-Pulver

Schwach entöltes Kakao-Pulver

- Das Kakao-Pulver verwendet man für Kakao-Getränke und für Schokoladen-Getränke.
- Das Kakao-Pulver schmeckt kräftig.
- Das Kakao-Pulver ist dunkel.
- Das Kakao-Pulver schmeckt mild.
- Das Kakao-Pulver verwendet der Konditor.
- Das Kakao-Pulver enthält 20–22 % Kakao-Butter.
- Das Kakao-Pulver enthält 10–20 % Kakao-Butter.

3 Ein Bestandteil von Schokolade ist Kakao-Butter. Was ist Kakao-Butter?

____

4 Schreiben Sie den Anteil an Kakao-Butter und den Anteil an Kakao unter die Bilder.

Bitter-Schokolade	Weiße Schokolade	Milch-Schokolade

______ Kakao-Butter	______ Kakao-Butter	______ Kakao-Butter und Milch-Fett
______ Kakao	______ Kakao	______ Kakao

5 Was ist Kuvertüre?

____

6 Wofür verwendet man Kuvertüre?

____

7 Bearbeiten Sie die Aufgaben.

a) Schreiben Sie die Namen der Getränke in die obere Zeile.

b) Bringen Sie die Arbeitsschritte in die richtige Reihenfolge. Schreiben Sie die Nummer vor den Arbeitsschritt.

______________		______________	
___	Geriebene Kuvertüre oder Instant-Kakao-Pulver in die heiße Milch streuen	___	Das aufgelöste Kakao-Pulver in die kochende Milch einrühren
___	Getränk einmal kurz aufkochen	___	Das Getränk einmal kurz aufkochen
___	Milch erhitzen	___	Die restliche Milch zum Kochen bringen.
		___	Kakao-Pulver mit etwas kalter Milch anrühren

8 Beschreiben Sie die Zubereitung von Eis-Schokolade.

____

____

____

Datum: ________ Klasse: ________ Name: ________

Waren beschaffen und annehmen

Fachbuch: Seite(n) ______

1 Welche Schritte gehören zur Waren-Beschaffung?

① ______

② ______

③ ______

④ ______

2 Beantworten Sie die Fragen.

a) Was ist eine Anfrage? (1 Kreuz)

- ☐ Mit einer Anfrage fragt man nach einer Adresse.
- ☐ Mit einer Anfrage holt man ein Angebot ein.
- ☐ Mit einer Anfrage schließt man eine Bestellung ab.
- ☐ Mit einer Anfrage kauft man eine Ware.
- ☐ Mit einer Anfrage bittet man um einen Preis-Nachlass.

b) Wie ist eine Anfrage rechtlich einzuordnen?

______

______

c) Was ist ein Angebot? (1 Kreuz)

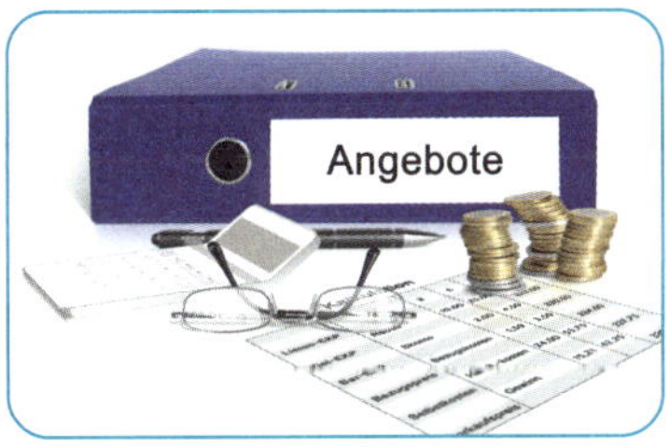

- ☐ Mit einem Angebot verkauft der Verkäufer seine Ware.
- ☐ Mit einem Angebot überlässt der Verkäufer dem Käufer die Rechte.
- ☐ Mit einem Angebot fragt der Verkäufer nach der genauen Bestellung.
- ☐ Mit einem Angebot fordert der Verkäufer den Käufer zum Bezahlen auf.
- ☐ Mit einem Angebot bietet der Verkäufer seine Ware an.

d) Wie ist ein Angebot rechtlich einzuordnen?

______

______

e) Was schließt man mit der Bestellung ab? (1 Kreuz)

- ☐ Man schließt mit der Bestellung einen Leih-Vertrag ab.
- ☐ Man schließt mit der Bestellung einen Verkäufer-Vertrag ab.
- ☐ Man schließt mit der Bestellung einen Käufer-Vertrag ab.
- ☐ Man schließt mit der Bestellung einen Kauf-Vertrag ab.
- ☐ Man schließt mit der Bestellung noch nichts ab.

f) Wie ist eine Bestellung rechtlich einzuordnen?

____

g) Was muss der Käufer machen, wenn ein Kauf-Vertrag abgeschlossen wurde?

____

3 Worauf sollte man neben dem Preis bei einem Angebots-Vergleich achten?

____

____

4 Erklären Sie die Begriffe.

- Rabatt: ____

  ____

- Skonto: ____

  ____

- Bonus: ____

5 Rechnen Sie die Aufgaben.

a) Eine Küchen-Maschine kostet 3125,00 €. Der Verkäufer gibt einen Messe-Rabatt von 468,00 €.
Wie viel € muss man für die Küchen-Maschine noch bezahlen?

b) Der Einkäufer eines Hotels kauft für 2685,00 € Porzellan und Glas ein.
Der Verkäufer senkt den Preis auf 2420,00 €.
Wie viel € Preis-Nachlass gibt der Verkäufer?

c) Ein Einkäufer zahlt eine Rechnung innerhalb von 10 Tagen. Er überweist 3900,00 €.
Dabei nutzt er den Skonto von 117,00 €.
Wie hoch war der eigentliche Rechnungs-Betrag?

Datum: ____ Klasse: ____ Name: ____

6 Bearbeiten Sie die Aufgaben.

a) Füllen Sie den Lücken-Text aus.
b) Schreiben Sie den Namen der beschriebenen Liefer-Kosten auf die Linie.
c) Zeichnen Sie die entsprechenden Pfeile unter die Bilder. Die gestrichelten Linien sind dafür Hilfs-Linien.
d) Schreiben Sie auf die untere Linie, wer die Kosten trägt: der Lieferant und/oder der Empfänger.

Liefer-Kosten	
____________________	Der Lieferant in Auenhain bei Leipzig ____________ die Ware bis zum Restaurant des ____________ nach Köln-Ehrenfeld.

- -

____

Liefer-Kosten	
____________________	Der ____________ aus Ehrenfeld ____________ die Ware beim Lieferanten in Auenhain ________ oder er lässt die Ware dort abholen.

- -

____

Liefer-Kosten	
____________________	Der ____________ in Auenhain liefert bis zum Kölner Haupt-Bahnhof (____________________). Der ____________ ____________ die Ware dort ____________ oder er lässt sie dort abholen.

- -

____

Name: ____________ Klasse: ____________ Datum: ____________

Liefer-Kosten ____________________	Der ______________ in Auenhain ______________ die Ware zum Haupt-Bahnhof nach Leipzig (____________________). Der Empfänger ______________ die Ware dort ______________ oder lässt sie dort abholen.

- -

____

7 Welche Schritte gehören zur Waren-Annahme?

① ____

____

____

____

② ____

____

③ ____

____

④ ____

____

⑤ ____

____

8 Was überprüft man beim Annehmen der Ware?

- ____
- ____
- ____
- ____
- ____

Name: __________ Klasse: __________ Datum: __________

Waren lagern

Fachbuch: Seite(n) ________

1 Ergänzen Sie den Lücken-Text.

first in	Die Waren, die als ______________ ______________ werden, …
first out	… müssen als ______________ ______________ werden.

2 Bearbeiten Sie die Aufgaben.

a) Schreiben Sie die Lager-Bedingungen zu den Lager-Räumen.

b) Ordnen Sie die aufgelisteten Waren den Lager-Räumen zu.

Tomaten | Zitronen-Sorbet | Dinkel-Mehl | Mai-Scholle | Tk-Beerenfrüchte | Frisch-Milch | Brie | Zimt-Parfait | Schweine-Geschnetzeltes | Forellen | Schoko-Müsli | Zander-Filet | Gewürz-Gurken | Frucht-Joghurt | gekochter Schinken | Birnen | Puder-Zucker | Eisberg-Salat | Spaghetti | Äpfel | Kalbs-Bries | Crème double | Rotbarsch-Filet | Quark | Reh-Rücken | Rundkorn-Reis | Lachs-Steak | Gouda | Seelachs-Filet | Erdbeer-Eis | Brokkoli | Puten-Schnitzel | Saure Sahne | Lamm-Filet | Tk-Pommes | Fleisch-Wurst | Zwetschgen | TK-Spinat

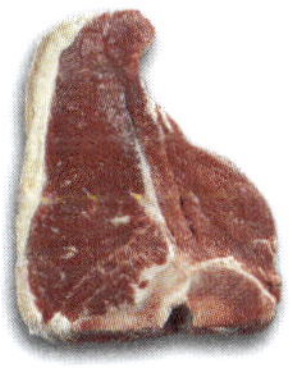

Tiefkühl-Lager/Froster

Lager-Bedingungen	Waren
• ______________	______________
• ______________	______________
• ______________	______________
______________	______________

Fleisch-Kühlhaus	
Lager-Bedingungen	**Waren**
•	
•	
•	

Molkerei-Kühlhaus (Kühl-Lager für Milch und Milch-Produkte)	
Lager-Bedingungen	**Waren**
•	
•	

Kühl-Lager für frischen Fisch	
Lager-Bedingungen	**Waren**
•	
•	

Obst- und Gemüse-Kühlhaus	
Lager-Bedingungen	**Waren**
•	
•	

Trocken-Lager/Normal-Lager	
Lager-Bedingungen	**Waren**
•	
•	
•	

Name: ______ Klasse: ______ Datum: ______

3 Kreuzen Sie die richtigen Lösungen an.

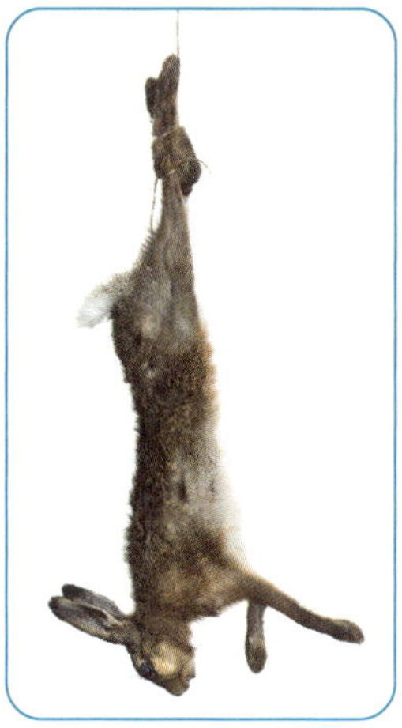

a) Warum darf man Wild in der Decke nicht im Fleisch-Kühlhaus lagern? (1 Kreuz)

- ☐ Die Decke (das Fell) hat einen unangenehmen Geruch.
- ☐ Die Decke (das Fell) wird weiß und spröde.
- ☐ Die Decke (das Fell) ist schimmelig und Sporen verteilen sich in der Luft.
- ☐ Das Wild-Fleisch kann nicht richtig reifen.
- ☐ In der Decke (im Fell) sind Mikroorganismen, die auf das Fleisch gelangen.

b) Welche Gefahr besteht für Obst und Gemüse bei der Lagerung? (2 Kreuze)

- ☐ Obst und Gemüse werden beim Lagern im Obst- und Gemüse-Kühllager braun.
- ☐ Obst und Gemüse trocknen aus, wenn es abgedeckt wird.
- ☐ Obst und Gemüse nehmen „Kühlraum-Geruch“ an.
- ☐ Bei zu niedriger Luft-Feuchtigkeit werden Obst und Gemüse welk.
- ☐ Bei zu hoher Luft-Feuchtigkeit werden Obst und Gemüse welk.

c) Warum muss die Luft-Feuchtigkeit im Trocken-Lager niedrig sein? (1 Kreuz)

- ☐ Bei zu hoher Luft-Feuchtigkeit bekommen die Verpackungen kleine Risse.
- ☐ Bei zu hoher Luft-Feuchtigkeit bildet sich Schimmel.
- ☐ Bei zu hoher Luft-Feuchtigkeit vermehren sich Botulinus-Bakterien schnell.
- ☐ Bei zu hoher Luft-Feuchtigkeit wird der Boden feucht und das Personal kann ausrutschen.
- ☐ Bei zu hoher Luft-Feuchtigkeit fangen Getreide-Erzeugnisse an zu gären.

d) Wie entsteht Gefrier-Brand? (1 Kreuz)

- ☐ Bei zu viel Ware im Froster
- ☐ Durch zu häufiges Öffnen des Frosters
- ☐ Durch beschädigte Verpackungen
- ☐ Durch zu viel Licht im Froster
- ☐ Durch zu hohe Luft-Feuchtigkeit
- ☐ Durch zu niedrige Luft-Feuchtigkeit

e) Wie entsteht „Schnee“ an Tiefkühl-Ware? (1 Kreuz)

- ☐ Beim Tiefgefrieren von Getränken
- ☐ Durch zu niedrige Luft-Feuchtigkeit im Froster
- ☐ Durch zu häufiges Öffnen des Frosters
- ☐ Durch zu hohe Luft-Feuchtigkeit im Froster
- ☐ Bei einer Temperatur, die kälter ist als –18 °C

Name: ______ Klasse: ______ Datum: ______

Test

**1 Eine Lieferung ist eingetroffen.
Was müssen Sie bei der Waren-Annahme machen ?** (1 Kreuz)

- ☐ Gelieferte Ware kontrollieren, Liefer-Schein abzeichnen und Rechnung prüfen
- ☐ Beschädigte Ware aussortieren und Reklamation schreiben
- ☐ Liefer-Schein auf Menge, Preis und Liefer-Datum kontrollieren
- ☐ Bestell-Schein und Liefer-Schein vergleichen, Ware kontrollieren, Liefer-Schein abzeichnen
- ☐ Ware nach Menge und Beschaffenheit kontrollieren und sofort einlagern

2 Welche 2 Hygiene-Kontrollen müssen Sie bei der Waren-Annahme machen? (2 Kreuze)

- ☐ Kontrolle der Vollständigkeit
- ☐ Bruch-Kontrolle
- ☐ Rechnungs-Kontrolle
- ☐ Temperatur-Kontrolle
- ☐ Lieferschein-Kontrolle
- ☐ Kontrolle der Verpackung auf Unversehrtheit

3 Welche frischen Lebensmittel lagern Sie zwischen crushed ice? (1 Kreuz)

- ☐ Hasen-Rücken und Wild-Gulasch
- ☐ Katen-Schinken und Kassler-Rücken
- ☐ Thunfisch-Filets und Seeteufel-Schwänze
- ☐ Schweine-Filet und Kalbs-Filet
- ☐ Brokkoli und Feldsalat
- ☐ Mager-Quark, Sahne-Joghurt

4 Schreiben Sie die Kennzahlen der Lager-Temperaturen und der Lager-Bedingungen in die Kästchen vor den Lebensmitteln.

① Trockenlager bei ca. 18 °C	____ Äpfel, Birnen, Gurken, Zucchini
② +6 °C bis +8 °C mit hoher Luftfeuchtigkeit	____ Couscous, Teigwaren, Müsli
③ +4 °C im eigenen Kühl-Lager	____ Frische Forelle, frischer Lachs
④ 0 °C in gestoßenem Eis	____ Roastbeef, Lamm-Keule
⑤ −18 °C	____ Schokoladen-Eis, Honig-Parfait

5 Das Thermometer im Tiefkühl-Lager zeigt −14 °C. Was müssen Sie machen? (1 Kreuz)

- ☐ Die Temperatur auf mindestens −18 °C senken.
- ☐ Alles ausräumen
- ☐ Die Temperatur auf mindestens −30 °C senken.
- ☐ Die Ware einfach einräumen.
- ☐ Die Temperatur auf −2 °C erhöhen.
- ☐ Die Temperatur um 2 °C erhöhen.

6 Welche Formulierung steht für Skonto? (1 Kreuz)

- ☐ „Wenn Sie Ware im Wert von 2500,00 € kaufen, gewähren wir nachträglich einen Preis-Nachlass von 2 %."
- ☐ „Bei Abnahme von 60 Flaschen gewähren wir einen Preis-Nachlass von 10 %."
- ☐ „Bei Bezahlung der Rechnung innerhalb von 10 Tagen gewähren wir Ihnen 3 % Preis-Nachlass."
- ☐ „Beim Kauf von 20 Tischdecken erhalten Sie 2 passende Servietten kostenlos."

Datum: ______
Klasse: ______
Name: ______

Adobe Stock.com, Dublin, Irland
6/1 © Kzenon; 6/2 © biker3; 6/3 © smallredgirl; 6/4 © sdecoret; 6/5 © Andrey Popov; 6/6 © Gorodenkoff; 8/1 © Gorodenkoff; 10/2 © juniart; 10/3 © Lenslife; 10/4 © Olga; 10/5 © WavebreakMediaMicro; 10/6 © Gorodenkoff; 10/7 © Lucky Dragon; 10/8 © Stephen; 14/1 © Anja; 15/1 © blueringmedia; 16/2+3 © by-studio; 17/1 © Laurent Renault; 17/2 © blankstock; 17/3 © FourLeafLover; 17/4 © monebook; 17/5 © kolonko; 19/1 © ktsdesign; 21/1 © Henrik Larsson; 21/2 © nicolasprimola; 21/3 © Ruckszio; 21/4 © unpict; 22/1 © bignai; 24/1 © Lucky Dragon; 24/2 © Gorodenkoff; 24/3 © WavebreakMediaMicro; 24/4 © Huna; 25/1 © Julie; 25/2 © Vidady; 26/1 © markus_marb; 26/2 © Julie; 26/7 © andriano_cz; 26/8 © grafikplusfoto; 29/1 © Zerbor; 29/4 © Dan Race; 30/4 © Successo images; 34/1 © Corinna Gissemann; 35/2 © JPC-PROD; 37/1 © PhotoSG; 37/3 © ExQuisine; 38/1 © spline_x; 38/2 © sasimoto; 39/1 © Alexander Raths; 40/1 © psdesign1; 41/1 © psdesign1; 41/2 © Jürgen Fälchle; 44/1 © Anja; 45/1 © Daniel Vincek; 46/1 © nehopelon; 48/1 © by-studio; 48/2 © andy_gin; 51/1 © anjajuli; 51/2 © exclusive-design; 51/5 © robert6666; 51/6 © Animaflora PicsStock; 51/7 © Liaurinko; 51/9 © karandaev; 51/10 © Quade; 51/12 © sumnersgraphicsinc; 52/1 © Leonardo Franko; 53/1 © fotohansel; 53/2 © Barbara Pheby; 54/1 © Lucky Dragon; 55/1 © by-studio; 55/2 © Bernd Schmidt; 55/3 © ExQuisine; 56/1 © by-studio; 56/2 © Bernd Schmidt; 56/3 © Juefrateam; 57/1 © by-studio; 57/2 © Bernd Schmidt; 57/3 © Corinna Gissemann; 59/3 © shootingankauf; 66/4 © Barbara Pheby; 66/7 © Coprid; 66/8 © womue; 67/1 © Anja; 68/1 © Noel; 69/2 © Monkey Business; 69/4 © VadimGuzhva; 69/7 © contrastwerkstatt; 69/9 © Mirko; 70/2 © Lenslife; 70/7 © Christoph Hähnel; 70/8 © thejokercze; 73/3 © LoopAll; 75/1 © juniart; 75/2 © boomeart; 75/4 © Ryzhkov; 75/5 © Christine; 75/6 © MarkusL; 75/7 © Jacek Chabraszewski; 75/8 © Markus Mainka; 76/6 © alena0509; 78/1 © Esther Hildebrandt; 78/3 © Peter Atkins; 78/4+5 © Vankad; 79/1 © ikonoklast; 79/2 © Christian Schwier; 79/3 © juefraphoto; 79/4 © pio3; 79/6 © Christian Schwier; 80/1 © gitusik; 80/2 © Quade; 80/3 © Richard Oechsner; 80/4 © Andrea Wilhelm; 80/8 © marina kuchenbecker; 80/10 © textag; 81/1 © a-weblogiq; 81/2 © SBH; 81/3 © smspsy; 83/1-6 © Cpro; 84/1 © Dwi; 85/1 © fahrwasser; 85/2 © alexshyripa; 85/3 © JackStock; 85/4 © ram69; 85/5+6 © igorphoto50; 86/1 © hecke71; 86/3 © chalabala; 86/5+6 © Uliana; 87/1 © Wladimir Losowski; 87/2 © ii-graphics; 87/3 © evegenesis; 87/4 © megaflopp; 89/1 © ExQuisine; 90/1-3 © stockphoto-graf; 90/4 © Simone; 91/2 © K.-U. Häßler; 91/3 © Pixelot; 92/1 © by-studio; 95/2 © mates; 95/6 © Edward Westmacott; 97/1 © Anneke; 97/2 © Pixelot; 98/1 © Anja

Agrarmarkt Austria Marketing GmbH, Wien
66/3; 95/5

Bayerische Glaswerke GmbH, Nachtmann/Spiegelau, Neustadt a. d. Waldnaab
73/2+4-7; 74/1-6

B. Braun Melsungen AG, Melsungen
23/3-8

Buir, Benno, Leverkusen
59/1

Bundeszentrum für Ernährung (BZfE) in der Bundesanstalt für Landwirtschaft und Ernährung (BLE), Bonn, Illu: Arnout van Son
16/1

Degen, Bernd, Viechtach
76/2

Der Romantik-Hof Hotel Garni, Greetsiel/Nordsee, Fotograf: Thomas Haberland
79/5

Dr. August Oetker Nahrungsmittel KG, Bielefeld
68/2

FrieslandCampina Germany GmbH, Heilbronn
95/4

Gastro Uzal GmbH & Co. KG, Kassel
70/1+4

Grüner, Hermann, Garmisch-Partenkirchen
66/1; 66/6

Hotelwäschefabrik Zollner, Vilsbiburg
70/3+5+6; 76/4

Maschinenfabrik Dorhan GmbH, Dorhan
53/3

METRO Deutschland GmbH, Düsseldorf
94/2

Metz, Reinhold, Bad Wörishofen
47/2; 80/9

Orderbird AG, Berlin
10/1

Rational, Landsberg/Lech
51/11

Rempe, Christina, Berlin
60/1

Richter, Rita, Waiblingen
61/1-4

Rösle Metallwaren, Marktoberdorf
47/1+4+5

Schwolow, Benjamin, TeaClub, Hamburg, https://tea-club.de
86/4

Shutterstock.com
51/3 © Mile Atanasov; 51/8 © Lipskiy; 60/3-16 © insemar.drawings; 66/2 © Nattika; 66/5 © IrinaK; 75/3 © etorres; 78/2 © Antonov Maxim; 81/4 © Katarzyna Hurova; 86/2 © peacefoo; 89/2 © Kaiskynet Studio; 91/1 © Syda Productions

Unilever Foodsolution, Heilbronn
51/4

Wela-Trognitz Fritz Busch GmbH & Co. KG, Ludwigsstadt
95/3

ZWILLING J.A. Henckels Deutschland GmbH
47/3+6+7; 49/1-3

Sicherheitszeichen

Sicherheitszeichen

PROJEKT: Gastro-Norm-System